김동영 지음

너도 떠나보면 나를 알게 될거야

230 Days of Diary in America

그 시간은
내 인생 최고의 영광이었고
내 인생 최고의 순간이었으며
한편으로 내 인생 최고의 낭비이기도 했다.

다시는 돌아오지 않을 그 시간은
내 나이 서른 살
겨울과 봄, 그리고 여름에 걸쳐 있었다.

겨울 _____ 봄

봄

봄 _____ 여름

여름

winter -
spring

겨울 - 봄

ROUTE 66

Radio Heaven

Orange County, California

미국 전역에는 셀 수 없을 정도로 많은 라디오 방송국이 있다.

미국이라는 나라가 워낙 커서 도시마다 문화의 색깔이 다르고 또 좋아하는 노래들도 다르기 때문에 그 취향에 맞는 채널들이 있어야 한다.

예를 들어, 텍사스나 와이오밍 같은 중부 지역 라디오 방송국에선 밤낮으로 컨트리 음악이나 흘러간 록앤롤만 나오고, 젊은 사람들이 많은 캘리포니아나 뉴욕 그리고 시카고 같은 대도시에선 최신 인디 음악들이 주를 이룬다. 그리고 디트로이트 같은 도시에선 힙합 음악만 들려준다.

운전을 하다가도 주의 경계를 넘어갈 때쯤이면 거짓말처럼 채널이 바뀐다. 이것만으로도 주의 경계에 왔다는 걸 알 수 있을 정도로 지역 라디오 방송국 간에 특색이 확실하다.

미국을 횡단하면서 운전하는 시간에는 대부분 라디오를 들었다.

운전하는 일 말고는 달리 할 일이 없으니 그럴 수밖에 없기도 했지만, 라디오에서 흘러나오는 음악들이 그 지역의 풍경과 너무도 잘 어울려 마치 누군가가 내 여행을 위해 정성껏 만들어준 BGM 같기도 했다.

그 많은 라디오 채널 중에 내가 제일 좋아했던 채널은 캘리포니아 주 방송인 KCRW였다. DJ의 멘트도 절제되었고 광고도 별로 없었다. 특히 내가 좋아했던 흘러간 음악이나 새로운 밴드들의 음악을 총정리하여 하루 종일 스피커가 터지도록 틀어댔다. 그래서 캘리포니아에 있을 땐 언제나 그 방송을 들었다.

심야 프로그램 중에 청취자들이 전화를 해서 아주 짧게 하고 싶은 이야기를 하고 노래를 신청하는 프로그램이 있었다.

내가 본격적으로 여행을 떠나기 전 미국 친구가 그 프로그램에 전화를 걸었다. 우린 그때 스물네 시간 문을 여는 멕시칸 패스트푸드점 주차장에서 라디오를 듣고 있었다. 그때 친구가 뭔가 생각났다는 듯, 갑자기 그 방송국으로 전화를 걸었고 운 좋게 연결되었다.

"헤이, 보이들! 늦은 시간에 뭐하고 있지?"

DJ가 우리에게 물었다.

"한국에서 온 친구가 있어요. 그 친구의 이름은 생선이에요."

"잠깐! 설마 먹는 생선은 아니겠지? 그런데 한국이라, 정말 멀리서 왔네."

"생선이 이제 곧 동부로 떠나요. 혼자서 66번 도로를 타고 말이죠. 친구의 행운을 빌어주고 싶어서 전화를 했어요."

DJ는 그 말에 목소리를 높였다.

"와우! 그 친구 단단히 미쳤군. 그런 친구에게는 행운을 빌어주지 않으면 안 되겠지. 그래, 어떤 노래를 신청하고 싶지?"

"배들리 드론 보이(Badly Drawn Boy)의「Pissing in the Wind」요."

"근사한 노래지. 아무튼 생선, 지금 듣고 있나요?"

옆에서 나는 신이 나서 소리쳤다.

"네! 여기 있어요."

"바로 옆에 있군. 행운을 빌어요. 기회가 되면 애리조나 사막 한가운데서 바람을 향해 오줌도 누고! 그리고 친구들이 기다리는 캘리포니아로 무사히 돌아오기를! 그런데 진짜 이름이 생선인가?"

난 아예 친구의 전화기를 대신 받아 들고 그에게 설명했다.

"아니요. 진짜 이름은 김동영이에요. 생선은 내가 만든 닉네임이구요."

"그런데 왜 하필 생선이야?"

난 전화기 너머에 있는 그에게 힘주어 대답했다.

"생선은 절대 눈을 감지 않잖아요. 그거 알아요? 생선은 눈꺼풀이 없어요. 사실 감지 못하는 게 아니고 감을 수 없는 거죠. 난 어떤 일이 있어도 절대 눈을 감지 않을 거거든요."

전화가 끊어지고 라디오에서는 우리가 신청한 노래가 흘러나왔다.

친구와 나는 그 노래를 따라 부르며 기분이 좋아 연신 웃기만 했다.

노래가 끝나도 DJ는 우리를 모른 척하지 않았다.

"먼 길 가는 한국산 생선에게 우리가 주는 또 다른 선물입니다. 크로스컨트리와 아주 잘 어울리는 노래, 밥 딜런의 「Blowin' in the Wind」입니다. 이 노래 듣고 우릴 먹여 살리는 친절한 광고 몇 개 나간 뒤에 다시 신청곡 받겠습니다. 광고 나간다고 채널 다른 데로 돌리지 마요. 다른 방송 들어봐도 다 똑같으니깐."

밥 딜런의 노래가 열린 창문 틈으로 조용히 퍼져나갔다. 나는 아무 말 없이 그 노래를 들으며 아직 가보지 않은 길들을 상상했다. 그런데 왠지 그 길들이 머릿속에 떠오르지 않았다.

그저 노래가 내 귓가에 주문을 거는 것 같아 아주 약간 실감이 났을 뿐.

Blowin' in the wind

How many roads must a man walk down
Before you call him a man?
Yes, 'n' how many seas must a white dove sail
Before she sleeps in the sand?
Yes, 'n' how many times must the cannon balls fly
Before they're forever banned?
The answer, my friend, is blowin' in the wind,
The answer is blowin' in the wind.

How many times must a man look up
Before he can see the sky?
Yes, 'n' how many ears must one man have
Before he can hear people cry?
Yes, 'n' how many deaths will it take till he knows
That too many people have died?
The answer, my friend, is blowin' in the wind,
The answer is blowin' in the wind.

사람은 얼마나 많은 길을 걸어야
누군가로부터 사람이라고 인정받을 수 있을까?
기러기는 얼마나 많은 바다를 건너야
모래 위에서 잠잘 수 있을까?
나의 친구가 대답했지.
그 대답은 바람만이 알고 있다고.

사람은 얼마나 많이 올려다보아야
하늘을 볼 수 있을까?
얼마나 많은 귀를 갖고 있어야
사람들의 울부짖음을 들을 수 있을까?
나의 친구가 대답했지.
그 대답은 바람만이 안다고.

세상의 모든 시작

첫 등교, 첫 데이트, 첫 경험……

세상 모든 시작은 설렘과 두려움으로 시작된다. 우린 언제나 새로운 길 위에서 길을 잘못 들까봐 두렵고 시간이 더 걸릴까봐 조급하다. 하지만 우리들은 낯선 길을 헤매는 즐거움이 얼마나 큰 것인지 잘 알고 있다. 그 실수들 속에서 우리는 넓어지고, 생각지도 않은 행운들을 만나게 된다는 사실도 잘 알고 있다.

내 여정의 시작도 두려움과 설렘으로 가득 차 있었다. 하지만 솔직히 설렘보다는 두려움이 더 많았다. 왜냐하면, 무엇보다 그동안 잘 다니던 직장에서 쫓겨났기 때문이었다.

그들은 더는 나를 필요로 하지 않았다.

슬픈 이야기다.

세상 모든 사람들은 누구에게든 혹은 어디서든, 자기 자신이 중요하고 필요한 사람으로 받아들여지길 원한다. 물론 나도 그랬다. 하지만 하루아침에 직장을 잃고 보니 마치 내가 때마다 갈아줘야 하는 자동차 소모품처럼 느껴졌다.

몇 주 동안 나는 아무것도 할 수 없었다. 잠도 잘 수 없었고, 아무것도 먹고
싶지 않았다. 나 자신조차 믿을 수 없는 상황을 믿으려고 노력했다.
그래서 하루에도 몇 번씩 혼자서 이렇게 말했다.
"내가 방송국에서 잘리다니! 어디서부터 잘못된 걸까?"
아무리 생각해도 알 수 없고 이해할 수 없었지만 나는 그 모든 상황을 이해
하고 받아들여야만 했다.

하지만 난 이것만 기억하면 된다. 처음 도전한 방송작가 일이었으므로 열심
히 했었다고. 다른 라디오 작가들 자리에 슬며시 앉아 그들이 쓰레기통에
구겨버린 원고들을 펴서 읽어보며 '그래, 나도 이렇게 쓰고 싶었어' 라고 생
각했던 적이 분명 있었다는 것을.

결국, 나는 예전부터 상상만 하던 길을 떠나기로 계획했다. 물론 너무 추상
적이고 무모한 여정이라 큰 용기를 내지 않으면 불가능했다.

그래서 차도 팔고, 그동안 모아둔 적금도 깨고 아끼던 CD들도 팔았다.
태어나서 처음으로 친구에게 돈도 빌렸다. 내가 가진 것들 중에서 팔 수 있
는 모든 것을 팔았다. 마치 다시 돌아오지 않을 것처럼.
누군가는 이런 날 보며 이야기했다.
"너, 너무 황당해."

하지만 나에게 이번 여행은 단지 새로운 곳을 보고 느끼기 위해 떠나는 여행
이 아니라 내가 앞으로 무엇을 하고 싶은지 알기 위해 떠나는 여정이었다.

그랬기 때문에 당연히도 특별히 보고 싶거나 가보고 싶은 곳, 해보고 싶은 것도 없었다. 그저 혼자 여행하며 낯선 풍경 안에 고립되어 이런저런 궁리를 하고 싶었다. 또 누군가는 이런 날 보며 이야기했다.

"왜 하필 미국이어야 하니?"

길 위에서, 내가 얼마나 무작정, 어리석게 떠나왔는지 알게 되었다.
하루하루는 쉽지 않았고, 그냥 모든 걸 다 때려치우고 집으로 돌아가고 싶기도 했다. 하지만 솔직히, 그건 무엇보다 자존심 문제였다.
그래서 그랬나.
'내가 떠나올 때 가졌던 용기만큼만 여행하는 거야. 그러면 어떻게든 여행의 끝에 가 있을 테니.'
그랬더니 결국 내가 달린 거리만큼 처음에는 보이지 않고 느껴지지 않던 무언가가 내게 다가오는 게 느껴졌다. 그 무언가는 마치 내가 간절히 만나기를 기다렸던 그 누구의 존재 같기도 했다. 최면 같았다.

내가 없더라도 내가 떠나온 그곳에선 여전히 찬란한 햇빛이 비치고, 새 계절이 올 것이며, 모두들 여느 때와 다름없이 바쁠 거란 걸 알고 있었다.

오직 나만 홀로 떨어져 나왔으니 내가 그곳을 생각하는 만큼 누군가도 날 기억해주길 바랄 뿐. 하지만 변한 건 아무것도 없고, 앞으로도 없을 것이다.
내가 다시 그곳으로 돌아가도 세상은 어제와 같을 것이다.
단지 이렇게 조금, 아주 조금 변한 나 자신만 있을 뿐.

Route 66

내가 '66번 도로'의 존재를 처음 알게 된 건 언제였을까?

아마 처음은 신촌의 습기 가득한 웨스턴 바에서였던 것 같다.

지하인 그곳은 언제나 어두웠고, 사람들의 낙서로 가득한 나무 테이블에는 맥주 냄새가 옷장 안 나프탈렌 냄새만큼이나 고약하게 배어 있었다. 벽에는 미국 서부의 바를 흉내 낸 듯 보이는 인디언 모형과 미국 영화에서 봤을 법한 미식축구 소품들이 질서 없이 여기저기 덕지덕지 붙어 있었다. 그런데 바로 그중 하나가 'Route 66'이라고 씌어진 찌그러진 하얀 도로 표지판이었다.

'Route 66'과의 두 번째 만남은 이화여대 앞 구제 옷가게에서 산, 이미 늘어날 대로 늘어난 파랑 반팔 티셔츠에 찍힌 'Route 66' 로고였다. 사실 그때까지만 해도 66번 도로는 내게 그다지 특별한 의미를 주거나 하지는 않았다. 결정적으로 그 도로에 대해 각인이 된 건, 지금은 폐간된 음악잡지 『록잇(Rock It)』에 실린 내가 좋아했던 뮤지션의 인터뷰를 통해서였다. 인터뷰에서 톰 웨이츠는, 자기 음악은 모두 그 도로에서 영감을 받았다고 말하면서 그 도로를 가보지 않고는 절대 자기 음악을 이해할 수 없을 거라고 했다.

그때부터 난 66번 도로가 궁금해지기 시작했다. 그리고 꽤 많은 책과 음악, 그리고 영화에서 그 도로가 배경 혹은 주인공으로 등장한다는 사실을 뒤늦게 알게 되었다.

66번 도로는 고속도로라는 개념이 없었던 시대에 만들어진 길로, 아메리카 대륙을 동서로 가로지르는 미국의 척추와도 같은 중심 도로였다. 그래서 수많은 사람들이 이 도로를 이용해서 아메리칸 드림을 꿈꾸며 동에서 서로, 서에서 동으로 이동했다.

하지만 40번 도로가 생긴 뒤로 이 길은 이제 사람들의 기억 속에 전설로만 남아 있다. 그 영향으로 66번 도로를 중심으로 항상 여행객들로 북적이던 도시들 역시 지금은 몇몇 곳을 제외하고는 거의 사람이 살지 않는 유령 도시가 되어버렸다.

물론 지금도 마음만 먹으면 66번 도로를 타고 미국을 횡단할 수는 있다. 하지만 대부분의 여행자들은 도로 상태도 좋지 않고 멀리 돌아가는 그 길보다는 새롭게 뚫린 40번 도로를 선호한다.

나에게 이 66번 도로는 언젠가 가지 않으면 안 될 곳으로 여겨지기 시작했다. 그곳이 내 꿈의 도로가 된 건 내가 이제까지 학교에서 배운 것보다 더 많은 것을 배우게 했던 미국 영화와 음악들 그리고 작가들의 작품 속에 그려진 강한 인상 때문이었다. 66번 도로는 그들의 작품 속에서 무한한 영감을 만나 마치 생명이 있는 것처럼 살아 숨 쉬고 있었던 것이다.

루트 66은 단순한 도로 이상의 의미를 가지고 있다.

그 길은 마치 정글에 웅크리고 앉아 먹잇감을 기다리는 짐승처럼 위험을 품고 있으며, 꿀로 벌레를 유혹해서 잡아먹는 식물인 코브라 릴리처럼 여행자를 유혹해 길을 잃게 만드는 고도의 지능을 가지고 있기도 하다.

하지만 한편으로는 그 길을 따르는 사람들에게 그들이 꿈꾸던 것들을 보여주기도 한다. 그래서 지금도 나같이 길을 동경하는 사람들을 유혹해 그 길에 중독되게 만들고 있는지도 모른다. 그런 의미에서 66번 도로는 순례의 길과도 같다.

겨울 추위가 한창이던 어느 날, 나는 모든 걱정과 책임을 피해 그 길을 따르기로 마음먹었다. 내 인생에서 가장 긴 여행을 시작한 것이다.

난 길 위에서 수많은 사람들을 만날 것이며, 너무 황량해서 불안함마저 드는 풍경들을 만날 것이다. 그리고 지금은 어쩌면 바람이나 모래먼지가 되어 그 길 위를 맴돌고 있을 내 영웅들의 유령도 만나게 될 거라는 걸 예감했다.

나의 '혼다 어코드'는 미운 열세 살

그녀를 처음 보았을 때, 난 그녀에게 그다지 눈길이 가지 않았다.

그녀는 펄이 들어간 에메랄드그린을 온몸에 바르고 있었는데 그건 진정 내 취향이 아니었다. 그나마 그 색깔도 뜨거운 캘리포니아의 태양에 색이 바랜 탓인지 윤기라곤 없어보였다.

그녀는 생애 마지막 여행을 떠나는 나이 많은 노부부에게나 어울릴 법했다. 그리고 무엇보다 내가 그녀에게 매력을 느끼지 못한 건, 그녀가 일본 태생 이라는 점 때문이었다. 미국까지 와서 겨우 새침한 타입의 일본 차를 타고 미국을 횡단하고 싶지는 않았다. 일본에 대한 안 좋은 감정이 있어서 그랬 던 건 아니었다.

그저 이왕이면 좀더 털털하고 터프한 분위기가 물씬 풍기는 미국 차를 타고 싶었던 것뿐이다. 그러면 왠지 나의 여행 자체가 한 편의 로드 무비 같을 것 만 같은 로망 때문이었다.

하지만 미국에 도착해서 막상 차를 사려고 이런저런 미국산 중고차를 알아 봤지만 적당한 차가 없었다. 그리고 미국 녀석들까지도 미국 차는 대륙 횡 단 같은 장거리 여행에는 맞지 않는다며 '캠리'나 '어코드'처럼 튼튼한 일 본 차를 권했다. 일본 차가 잔고장이 적고 무엇보다 연비가 좋다는 이유에 서였다.

그래도 난 여전히 미국 차에 대한 환상을 버릴 수 없었다.

며칠을 고민하던 끝에 중고차 가게로 가서 그녀를 다시 보았다.

여전히 구리다는 느낌은 변함이 없었다. 그녀는 그저 새침하게 서 있었다.

그녀에게 다가가 운전석 문을 열고 좌석에 앉아 시동을 걸어봤다.

생각보다 야무진 엔진 소리가 났다. 난 딜러에게서 그녀에 대한 정보를 이 것저것 캐내기 시작했다.

'어코드'라는 이름의 그녀는 1995년생이었고 '혼다' 집안의 딸이었다. 비록 나이가 많긴 하지만 다른 차들에 비해 성능 좋고 깨끗하고 가격도 좋다 며 딜러는 무조건 그녀를 추천했다.

난 그녀 주위를 돌면서 한참을 망설이다 결국 그녀를 사기로 결정했다.

그녀를 사는 건 생각보다 쉬웠다. 몇 장의 서류에 사인을 하자 딜러가 열쇠 를 건네며 지금부터 그녀는 나의 것이 되었다고 말했다.

난 곧바로 열세 살 그녀와 함께 긴 여행을 떠났다.

사실, 처음에는 서로가 많이 어색했던 것 같다. 무엇보다 난 그녀에 대해 몰 라도 너무 몰랐다. 라디오 주파수를 어떻게 바꾸는지, 연료통 스위치는 어 디 있는지, 그리고 자동 운행 시스템을 어떻게 시작하는지 등등……

아마 그녀 역시 나의 운전 스타일에 쉽게 적응하지 못했을 것이다.

하지만 우리는 서로에게 서서히 적응해갔다.

처음 보았을 땐 정말 매력 없던 그녀의 색깔도 그새 정이 들었는지 마음에 들기 시작했다. 그런데 그녀에게 익숙해졌을 때쯤 일이 터졌다.

그녀는 사막 한가운데서 트랜스미션 오일을 피처럼 흘리며 처음으로 쓰러 졌다. 그걸 고치느라 그녀를 살 때 지불했던 돈의 절반을 다시 치러야 했다. 그후로도 그녀는 세 번 더 길 위에서 아팠다.

그러나 돈은 문제가 되지 않았다. 어느 순간 그녀는 내 여행에 가장 소중한 친구였으며 든든한 동반자가 되어 있었다. 외롭고 고단한 길 위에서 오직 믿고 의지할 수 있는 건 그녀뿐이었다.

그녀는 내가 원하는 곳으로 나를 데려다주었다. 내 잠자리와 식탁이 되어주었으며 서재와 전망대가 되어주기도 했다.

그녀가 길에서 힘없이 쓰러질 때마다 난 어쩔 줄을 몰랐다. 마치 나 때문에 병에 걸려 초췌한 모습으로 병원 침대에 누워 있는 것처럼 가슴이 아팠다.

하지만 한편으로는 이렇게 맥없이 망가져버리는 그녀를 증오하기도 했다. 마음 같아서는 그냥 어딘가에 내팽개친 다음 다른 여자를 잡아타고 떠나버리고 싶었지만 차마 그럴 순 없었다. 길을 떠나기 전 난 매일 그녀의 컨디션을 꼼꼼히 체크했다. 달리는 도중에도 그녀의 심장 박동 소리 하나까지 귀를 기울였다. 그리고 뜨거운 사막을 달릴 때는 땀으로 팬티까지 다 젖었으면서도 그녀에게 가혹한 요구일 수 있겠다 싶어 에어컨조차 틀지 않았다.

그녀는 열세 살 사춘기 소녀처럼 민감했고 고집불통이었다.

그래서 난 그녀를 달래가며 길을 달려야 했다.

결국 그녀와 나는 오천이백 마일을 달려서 뉴욕까지 갔고 다시 사천팔백 마일을 달려 LA로 돌아왔다. 우리의 여정은 때로는 즐거웠고, 때로는 고되고 외로웠다. 하지만 그 모든 것들이 이제 그녀와 나만의 추억이 되었음을 인정한다. 그녀는 나와의 추억을 기억하겠다고 약속했고, 나 또한 그녀와 함께 보낸 시간을 버리지 않겠다고 약속했으므로……

하지만 한국에 돌아가서 또 다른 여자를 사게 되면, 어쩌면 난 그녀를 잊을지도 모르겠다.

혼자만의 아주 늦은 아침

Orange County, California

약을 먹지 않고도 깊이 잠들 수 있다는 것은 진짜 기분 좋은 일이고,
누군가 날 깨우지 않고 내가 일어날 때까지 잘 수 있다는 것도 축복이야.
특히 이 집에 머물게 된 뒤로 난 며칠 동안 계속 잠만 잤어. 거의 매일을 열
여섯 시간 넘게, 허리가 아파 더는 누워 있을 수 없을 때까지 자고 또 잤지.
친구들은 시차 때문이라고 했지만 그것과 상관없이 그동안 못 잔 걸 보상이
라도 받으려는 듯……

이곳의 이른 오후에는 특유의 분위기가 있어.
내가 일어날 때쯤이면 모두들 일하러 나가 집 안이 텅 비어 고요하기만 해.
간혹 바로 담 너머에 있는 초등학교 운동장에서 아이들이 재잘대는 소리가
온 집 안을 가득 채울 때도 있지만 거의 대부분은 조용해.
아, 가끔 우체부가 와서 벨을 누르는 바람에 집 안의 정적을 깨우기도 해.
처음에는 그의 말을 못 알아들을 것만 같아서 그냥 없는 척 대답도 안 했어.
문에 뚫린 구멍으로 우체부가 포기하고 사라질 때까지 몰래 훔쳐보곤 했었
지. 하지만 이제는 부스스한 몰골로 나가서 인사도 하고 농담도 해.

우체부의 이름은 제이.

제이가 가고 난 뒤에는 여전히 잠이 덜 깬 상태로 조용한 집 안을 어슬렁거려. 간밤에 비운 맥주병을 치운다든가, 딱딱하게 굳어버린 촛농을 닦아내기도 해. 아니면 꽁초가 가득 찬 재떨이를 비우고. 그러다 보면 어느새 잠이 다 깨고 불현듯 배가 고파.
뭔가를 찾아 먹으려고 부엌에 가면 친구가 써둔 메모가 냉장고에 붙어 있어.

―이봐 게으른 생선! 이거 먹고 말끔히 치워놔!

냉장고 문을 열면 거기에는 친구가 일을 나가기 전에 나를 위해 친절하게 남겨둔 샐러드가 있어. 언제나 양이 정말 많아서 한 이틀은 그것만 먹어도 될 정도야.
산처럼 쌓여 있는 샐러드를 해가 드는 뒤뜰로 가지고 나가 색이 바랜 하얀 의자에 앉아서 토끼처럼 먹어. 그러고 있으면 나만큼이나 게으른 그녀가 어느새 나타나서는 내 옆에 조용히 앉아 자기보다 더 게으른 나를 나무라듯 쳐다보며 늦은 아침을 달라고 울곤 해. 그러면 난 그녀가 좋아하는 참치 통조림을 하나 따서 주며 삐친 그녀를 달래지. 그녀는 고맙다는 말 한마디 없이 아주 도도하게 먹고 나서 어디론가 사라져버려.
나는 다시 샐러드를 반쯤 먹은 다음, 담배를 피우거나 아니면 가져온 책들을 읽으며 시간을 보내. 온종일 걸려오는 전화도 없고 찾아오는 사람도, 만나야 할 사람도 없으니 하루가 너무 조용하고 편안해.

이럴 수 있다는 게 정말 행복해. 아직 본격적인 여행을 떠나지도 않았고, 또 무엇보다 뭔가를 해야 한다는 부담감도 없거든. 그리고 뭐니 뭐니 해도 항상 게으른 날 구박하는 엄마의 잔소리가 없어서 너무 좋아.

지금의 나는 특별해. 담장 너머로 보이는 풍경에서, 나에게 올 편지도 없지만 매일 확인하는 우체통에서, 나보다 더 큰 쇼핑센터의 카트를 밀면서, 싸늘한 밤 벽난로에 쓸데없이 종이들이나 태우고 고양이 먹이를 주면서, 그리고 캘리포니아의 햇살이 듬뿍 쏟아지는 뒷마당 테이블에서, 소소하지만 아주 오랫동안 기억할 기분을 느끼지.

언젠가 네게도 이 시간을 보여주고 싶고 나눠주고도 싶지만 난 여기 멀리 떨어져 있고 넌 지금 너무 바쁠 거야. 하지만 돌아가면 이 작은 나의 시간들을 네게 꼭 들려줄게.

네가 날 믿지 못했을 때

Sedona, Arizona

내게 등을 돌리고 선 그는 내 말을 전혀 듣지 않는 것처럼 보였고 아예 내 말은 믿으려고 하지도 않았다. 그런 그의 행동이 나를 점점 화나게 만들었다.

"한 번 더 확인해보면 되잖아요! 기름이 반 넘게 있다니까요."

여전히 그는 대답이 없고, 마치 내가 앞에 없는 것처럼 행동하고 있었다. 내 뒤에 서 있던 사람들이 자기 순서를 기다리며 상황을 지켜보고 있었다. 어떻게 해야 할지 참 난감했다. 그냥 몇 푼 주면 쉽게 끝날 일이었지만 절대 그러고 싶지 않았다. 이건 단순한 돈의 문제가 아니고 자존심의 문제였다.

며칠 전 차가 고장나는 바람에 수리가 끝날 때까지 차를 렌트했었다. 그리고 그날은 차를 돌려주기로 한 날이었다. 차를 반납할 때는 기름을 반 정도 채워서 돌려줘야 한다는 사실은 나도 알고 있었다. 하지만 그는 제대로 확인도 해보지 않고 차에 기름이 부족하다며 기름 값을 달라고 생떼를 썼다.

차를 돌려주기 전에 이미 기름을 반 이상 넣었건만 그는 날 믿지 않았다. 오히려 내 영어 따위는 잘 알아듣지 못하겠다고 하면서 기름 값을 지불하라는 말만 반복했다. 난 결국 화를 내버렸다.

사무실 안에 있는 사람들이 다 들을 수 있을 만큼 큰소리로 말했다.

"내가 영어를 잘 못한다고 나를 안 믿고 무시하는 것 같은데, 만약 당신 말대로 기름이 부족하면 내가 그 기름 값의 두 배를 내겠어. 하지만 그 반대일 때는 당신이 내게 사과해."

내가 그렇게 큰소리를 칠 수 있다니!

순간 사무실 안이 폭풍전야처럼 고요해졌다. 모두가 나와 그를 보며 이다음에 무슨 일이 일어날지 가만히 지켜보고 있었다.

"절대 널 무시하거나 그러진 않았어. 다른 직원이 확인했는데 기름이 부족하다고 해서 그런 거야. 내가 다시 한번 확인해볼게."

그는 나를 향해 돌아서서 무척 당황스러운 표정으로 말하고는 차를 확인하러 갔다.

몇 분도 채 안 돼 돌아온 그는 자기가 잘못 본 것 같다며, 기름은 충분하다 며 사과했다. 하지만 내 기분은 한꺼번에 감정이 폭발해버려서 이미 너덜너 덜해진 상태였다.

하지만 그 경험은 분명 쾌감이었다.

쏟아내는 기분……

내가 왜 그렇게 소리칠 수 있었는지는 몰라도 내 속에 있는 그 무엇인가, 툭 터질 그 무엇인가가 밖으로 쏟아져 나올 때만을 기다리고 있었던 것이다. 나는 큰 소리로 말하기 시작했다. 그 소리에 희열과 그동안 억눌러 있던 무 언가가 뒤섞인 채 솟구쳐 오르는 것을 느낄 수 있었다.

아, 나는 지금까지 그렇게 살아오지 않았던 것이다!

Bad Day in Arizona

그날은 어느 아침과 다를 것 없었다.

매서운 바람이 갈라진 내 입술을 더 바싹 마르게 했고, 차창 밖 사막 풍경은 어제와 똑같이 아무것도 보여주지 않았다. 하지만 컨디션이 나쁜 편은 아니어서 조금 무리를 해서라도 그랜드캐니언에 도착하리라 마음먹고 있었다. 한참 토킹 헤즈(Talking Heads)의 음악을 들으며 애리조나 사막을 달리고 있을 때였다.

엔진이 힘겹게 돌아가는 소리를 끝으로 액셀 페달의 큰 진동이 내 발에 전해지더니 갑자기 차의 속도가 이십 마일로 떨어져버렸다. 그리고 다음 순간 엔진 공회전 소리와 함께 차에서 연기가 피어오르기 시작했다. 당황한 나는 차를 도로 한쪽에 세운 다음 차에서 내려 보닛을 열었다. 달착지근한 기름 타는 냄새가 났다. 그리고 절망적이게도 엔진 전체에서 뿌얀 연기가 모락모락 피어올랐다.

언젠가는 이런 일이 생길 수도 있다고 생각은 했지만, 하필이면 지나가는 차 한 대 없는 애리조나 사막 한가운데서 서버리다니!

내가 상상했던 것보다 더 지독하고 잔인했으며 또한 치명적이었다.

담배를 피우며 이러다 혹시 괜찮아지지 않을까 막연한 기대를 하면서 불안하게 차 상태를 살폈다. 하지만 차는 털끝만큼도 괜찮아질 기미를 보이지 않았다.

역시 누군가에게 도움을 요청해야 할 상황이었다.

우선 최선의 방법은 여행을 떠나기 전에 의무적으로 가입한 미국자동차협회 회원 카드를 찾아 전화를 걸어 도움을 청하는 것이었다.

하지만 저 하늘 위의 누군가는 그것을 허락하지 않았다. 그랬다. 거긴 사막

이었다. 그러니 휴대폰 전파가 잡힐 리 없었다. 그저 화면에 "No service area"라는 친절한 메시지만 뜰 뿐이었다.

지도를 보고 추측하건대 내가 있는 곳에서 반경 칠십 마일, 그러니까 백십삼 킬로미터 이내에는 마을이 없었다. 도로에 지나가는 차도 없었다.

지구의 종말을 선고받거나 오늘부로 생을 마감하게 된다는 선고를 받은 뒤의 기분이 그럴까? 그때 머리에 불꽃이 일었다.

마치 운명처럼, 운전하고 오면서 얼핏 본 비상전화가 생각난 것이다. 하지만 그게 그 자리에서 얼마나 떨어진 곳에 있는지 알 길이 없었다. 일단 배낭에 카메라와 지도와 물을 챙겨 온 길을 거슬러 걸어가는 수밖에 없었다.

역시 사막의 바람은 호락호락하지 않았다. 바람은 거칠고 매섭기까지 했으며 태양은 지옥의 불덩이처럼 뜨거웠다. 조금 걷자 입 안이 가뭄에 말라붙은 논바닥처럼 마르기 시작해 쩍쩍 금이 갈 것만 같았다.

얼마를 걸었을까?

저 멀리, 아주 멀리에 노란 전화박스가 보였다. 색이 바랜 채 뿌얀 먼지를 두껍게 뒤집어쓴 모습이 마치 몇만 년 전에 죽은 공룡처럼 보였다. 이게 과연 작동이 될까 걱정스러웠지만 누군가 내 전파를 받고 나를 위해 사막 한가운데까지 와주길 바라며 몇 번이고 응급 버튼을 눌렀다.

다행히 몇 번의 신호음이 울리고 건조하기 짝이 없는 남자의 목소리가 저편에서 들렸다. 난 다급한 목소리로 내 처지를 설명했다.

하지만 그는 나의 영어를 못 알아듣는지 신경질적으로 자꾸 딴소리를 해대더니 결국 다른 자리로 전화를 돌렸다. 다른 목소리도 반갑기는 마찬가지였지만 그 역시 내 영어를 잘 알아듣지 못했다. 난 오랫동안 사막 한가운데 있는 전화기에 매달려 내가 있는 위치를 설명하고 또 설명해야 했다.

"지금 어디에 있어요?"

"바스토(Barstow)하고 모하비 사막 중간쯤이요."

"그렇게 이야기하면 못 찾아요. 몇 번 도로죠?"

"동쪽으로 40번 도로요."

"루들로(Ludlow)는 지났어요?"

"잠깐만요."

나는 지도를 훑어보았다.

"예, 지났어요!"

"지금 뭐가 보여요?"

나는 주변을 살폈다. 주변에는 아무것도 없었다. 몇 개의 언덕과 선인장 말고는.

"그냥 사막이에요."

"사막? 하긴 사막에 뭐가 있겠어요. 아무튼 사람 보낼게요. 위험하니까 차 안에서 기다리지 말고 밖에서 기다려요. 그런데 마실 물이랑 비상식량은 있죠?"

전화를 끊고 다시 차로 힘없이 걸어가면서 제발 그들이 최대한 빨리 나를 찾아내길 기도했다. 비상전화 있는 곳까지 걸어갔다가 온 것만으로도 체력이 이미 바닥났는데 사막의 태양 아래서 몇 시간을 기다리자니 몸이 육포가 될 것만 같았다. 그들이 나를 구하러 왔을 때, 의식도 없이 쓰러진 내 몸에서 스테이크 냄새만 나면 어쩌지.

도대체 세계 최고의 강대국이라는 나라에 이렇게 외딴 곳이 있다는 것도, 그리고 그렇게 믿었던 우리의 과학이 왜 여기서는 아무짝에도 쓸모가 없는지 그 상황을 인정할 수 없었다.

땀인지 눈물인지 모를 물줄기가 볼을 타고 흘러내렸다. 여행하면서 처음 흘린 눈물이었다. 난 미친 듯이 불안했다. 난 이미 너무 바닥이었다.

그때 저 멀리서 트럭이 보이기 시작했다. 처음에는 작은 점같이 보였지만 다가올수록 점점 커지고 또 커졌다. 그 트럭이 내 앞에 멈춰 섰을 때 나는 그냥 그 자리에서 까무러쳐도 될 것만 같았다. 그들이 나를 찾아낸 것은 내가 전화로 도움을 청한 지 정확히 여섯 시간 만이었다. 차에서 내린 남자가 선글라스를 한 번 만지작거리더니 내게 다가와 물었다.

"정말 지독한 곳에서 망가졌군요. 어디가 문제죠?"

자기가 필요한 말만 하는 사람이었다. 그가 차를 손보며 내게 말했다.

"그래도 당신은 운이 좋은 편이에요. 어떤 차들은 우리가 찾지를 못해서 하루 넘게 기다리기도 하거든요."

난 그에게 물었다.

"그럼 당신도 내가 기다린 시간만큼 날 찾아 헤맨 건가요?"

내 물음은 애처로웠다.

"그렇죠. 어쩔 도리가 없잖아요. 내가 오지 않으면 당신이 곤란할 테고……"

그의 무성의한 대답에도 난 충분히 감동하고 있었다.

"정말 고마워요. 포기하지 않고 찾아와줘서."

그는 이번에도 차에서 눈을 떼지 않은 채 묵묵히 말했다.

"뭐, 도움이 필요한 사람을 사막 한가운데서 찾아내는 게 내 직업이니깐……"

세상엔 정말 많은 직업이 있다는 걸 알고 있었지만 사막 한가운데서 도움이 필요한 사람을 찾아 헤매는 직업이 있다는 건 상상 밖의 일이었다.

그 사람은 누군가가 자신의 존재를 상상하는 것을 크게 원하지 않는지도 모른다. 사막에서는 아무것도 소용이 없을 테니까. 사느냐 죽느냐의 문제만 있을 뿐이니까.

그는 그저 옆에 서 있는 사람에게 눈길 한번 주지 않은 채 맡은 일을 마치고 돌아가면 그뿐이다.

아무것도 아닌 사람.
황량한 사막은 그야말로 사람을 아무것도 아니게 한다.

벙어리 생선

Barstaw, California

40번 도로를 따라 운전한 지 겨우 사흘밖에 지나지 않았는데 난 완전히 지쳐 있었고 또 의기소침했다.

길은 아무리 달려도 끝이 없어 보였고, 그 길을 따라 펼쳐진 황량한 풍경이 내 외로움에 편승했다.

무엇보다 나를 더 빠른 속도로 지치게 만든 건 바로 언어였다.

내가 아무리 길을 물어도, 식당에서 음식을 주문해도, 아무도 내 말을 알아듣지 못할 뿐 아니라 무시하기 일쑤였다.

다른 사람에게 내가 원하는 걸 전하지 못한다는 사실이 나를 더욱 고립시켰다.

아무리 누군가가 아니라고 해도 나는 점점 바보가 되어가고 있었다.

나는 결국 그 누구와도 더는 말하고 싶지 않은 상태가 되었다. 어차피 그들은 알아듣지 못할 테니까.

캘리포니아 동쪽 끝에 있는 바스토에 도착했을 때, 도시는 이미 까만 어둠에 덮여 있었다.

나는 이것저것 생각할 것도 없이 눈에 보이는 첫 번째 모텔에 들어갔다.

1960년대의 정취가 물씬 풍기는 아담하고 깨끗한 모텔이었다.

나는 문을 열고 들어가 안내 데스크 뒤에서 지루하게 TV를 보고 있는 멕시코계 주인에게 걸어갔다. 그러곤 인사도 하지 않고 카운터에 놓인 메모지 한 장을 찢어서 이렇게 적은 다음 그에게 내보였다.

―방 있어요?

심드렁한 표정이던 그가 그제야 나를 이상하다는 듯 쳐다보며 방이 있다고 말했다. 그리고 어딘가 수상한 나의 행동거지를 경계하면서 다시 혼자냐고 물었다.

난 말없이 다시 메모지에 "혼자예요"라고 써서 그에게 내밀었다.

그는 나의 행동을 이해할 수 없다는 듯 난감한 표정을 지으며 카운터 뒤에 있는 방에서 누군가를 불렀다. 잠시 후 덩치 큰 여인이 나오더니 나를 슬쩍 쳐다보았다. 그들은 내가 알아들을 수 없는 말로 자기들끼리 얘기했다. 들으나마나 나에 대한 얘기였을 것이다.

난 다시 메모지에 이렇게 적어 그들의 눈앞에 바짝 들이댔다.

―전 말을 못합니다. 하지만 들을 수는 있어요. 지금 여행 중인데 오늘 밤 여기서 머물고 싶어요. 방값이 얼마죠?

그들은 그제야 나의 행동을 이해했는지 한순간 경계심을 풀고 따뜻하게 웃으며 '지저스'를 연발했다. 내가 말을 안 해서 너무 이상했다며 어디서 왔냐, 어디로 가는 길이냐, 혼자 여행하느냐 등 이런저런 질문을 쏟아내기 시

작했다.

그들은 끊임없이 뭔가를 물었고 난 일일이 종이에 써서 답했다.

그들은 이런 드라마틱한 상황이 자신들에게 일어났다는 사실을 신기해하며 재미있어하는 것 같았다. 내가 피곤한 기색을 보이자 덩치 큰 부인이 남편에게 빨리 방 열쇠를 내주라고 했다.

난 다시 종이에 썼다.

─그런데 얼마죠? 난 돈이 많지 않아요.

주인 남자는 연신 자신의 긴 콧수염을 만지며 아주 싸게 해줄 테니 걱정 말라고 했다. 그러더니 정말 믿을 수 없이 싼 가격에 방을 내주었다.

열쇠를 받아들고 방으로 가기 전, 다시 종이에 "정말 고맙습니다"라고 써서 보여주었다.

그들은 자신들이 지을 수 있는 가장 인자한 표정으로 굿 나이트 인사를 했다.

그들이 내순 방은 문에 장애인 스티커가 붙어 있었다.

방은 휠체어가 지나다닐 수 있을 정도로 넓었고 화장실도 컸다.

그날 밤, 나는 내 이기적인 마음을 앞세워 한마디 말도 하지 않았지만 결과적으로 순박한 부부를 속인 셈이었다. 하지만 죄책감 따윈 느끼지 않았다. 그저 난 너무 피곤했으므로 그날 밤 말하는 법을 잠시 잊었을 뿐이었다.

네가 다시는 후회하지 않기를

Virginia

대학 시절에 만났던 그녀에게서 오랜만에 메일이 왔다.

나랑 만나던 시절의 자기를 지금 와서 후회한다는 말로 시작해서, 앞으로 그런 식으로 다른 사람을 만나지 말라는 배려 깊은 당부까지 있었다.

이미 내 기억 속에서 수천 개로 깨진 유리조각처럼 사방에 어지럽게 흩어진 그 시절을 떠올려봐도 내가 그녀에게 어떤 잘못을 했는지 도통 기억이 나질 않았다.

'내가 너한테 뭘 잘못했는데?'

내가 기억하기로 그녀와 보낸 시절은 정말 나무랄 데 없이 좋은 추억들뿐이었다. 우린 마치 수학여행 온 아이들처럼 둘이 있으면 항상 들떴고 재미있었다. 그런데 무엇 때문에 지금 와서 그녀가 날 만났던 시간을 후회하는지 궁금했다.

그녀와는 내가 제대하고 복학을 해서 학교로 돌아갔을 때 처음 만났다. 그녀는 나의 이년 후배였는데, 나중에 알고 보니 내 초등학교 동창의 동생이

기도 했다. 그녀는 조금 특이한 구석이 있었고 말하는 것보다 듣는 걸 좋아하는 타입이었다.

특히 말하기 좋아하는 나에게 아주 잘 맞는 여자였다. 그래서 우린 자연스럽게 친해졌고 거의 사귀는 거나 다름없는 관계에 이르렀다. 하지만 난 결코 우리가 사귀는 사이라고 인정하지 않았다. 그녀도 이런 내 마음을 이해했다. (막상 써놓고 보니 전형적인 치사한 수법 같지만, 나름대로 변명을 하자면 당시 헤어진 여자친구 때문에 다른 누군가를 만날 여유가 없었다. 나름 상처가 컸던 것이다.)

우린 항상 여기저기 붙어 다녔고 이리저리 붙어 있었다. 그녀가 졸업을 하고 고향에 직장을 구해 대학과 나를 떠날 때까지.

그후로 우리의 관계는 서서히 멀어져갔다. (몸이 멀어지면 마음도 멀어진다는 건 역시 진리다.) 그래도 한동안은 가끔 만나고 그보다 더 많은 통화를 했다.

그러던 중 애매한 사건이 있었다. 내가 그녀의 제일 친한 친구를 유혹했다는 것이었다. 그날 이후 그녀는 완벽히 날 증오하게 되었다. 그리고 오랫동안 소식을 듣지 못했다.

난 그 일을 가지고 변명을 할 수도 없었다. 왜냐하면 정말로 내가 그녀의 친한 친구를 유혹했을지도 모르는 일이었고, 그게 아니더라도 그 사소한 오해를 풀 만큼 내가 여전히 그녀를 좋아하는지 확신이 없었다. 그래서 그저 닥치고 가만있을 수밖에 없었다.

그렇게 시간이 흘러 우연히 그 사건의 오해가 풀렸다. 하지만 난 지금도 어떤 게 진심이고 사실이었는지 확신이 없다. 아무튼 오해는 풀렸다. (그게 중요한 포인트다.) 그래서 우린 지금까지 가끔 연락을 주고받았던 것이다. 물론 그전처럼 자주는 아니지만.

그런데 오늘 그녀에게서 도착한 메일. 그녀가 대놓고 나를 비난하거나 욕한 건 아니었지만 분명히 문장 속에 날 만난 걸 후회한다는 표현을 썼다. 그 단어가 내 가슴 정 가운데에 정확하게 박혀버렸다.

내가 타인에게 항상 좋은 사람으로 남을 필요는 없겠지만, 그래도 그렇게 날 좋아했던 사람이 지금 와서 그걸 후회한다고 하니 기분 참 거지같았다. 왠지 내가 순진한 애 꼬드겨서 이용만 하다가 버린 것처럼 보였나 싶어 기분이 더러웠다.

당신이 왕자님으로 모셨었던 그 누군가가
정신병자인데다가 사기꾼임을 알게 된 순간
소녀에서 아줌마로⋯⋯

스위트 피의 노래 「오! 나의 공주님」의 가사처럼 이제 그녀도 어른이 되어버린 건지 모르겠다. 하지만 난 아직도 기억하고 있다. (그녀도 이걸 기억하고 있는지는 모르겠지만.) 언젠가 추운 밤 그녀를 품에 안고 "나중에 후회하지 않았으면 좋겠다"라고 말했던 것을. 역시 그 말은 저주가 되어 지금 그녀는 어떤 식으로든 후회하고 있는 것이다. 날 좋아했다는 사실을, 그리고 날 좋아했을 때 자기가 했던 행동들을⋯⋯ 그것은 그녀의 잘못도, 또 나의 잘못도 아닐 것이다. 그저 그녀가 이제 나이 들어 무엇이 자기에게 맞는지를, 자기가 무엇을 원하는지를 정확히 알게 된 것뿐이다.

살아가면서 다시는 그녀가 이 같은 후회는 하지 않길 바랄 뿐.

그녀는 그렇다 치고 난 앞으로 어떻게 살아야 할까?

뜀틀 넘기

Los Angeles

내 나이 서른.

돌이켜보건대 지금까지의 나는 그렇게 나쁘지 않았다.

모든 걸 내가 할 수 있었고, 또 하기 싫으면 하지 않아도 괜찮았다.

하지만 훌쩍 떠나고 보니 내가 알고 있는 건 지극히 일부에 지나지 않고,

정작 내가 제대로 알고 있는 건 아무것도 없다는 걸 여행 내내 느꼈다.

그러므로 난 처음부터 다시 배워야 했다.

내가 말하던 방식대로가 아니라 제대로 말하는 법,

내가 먹는 것만 먹는 게 아니라 내가 먹을 수 없는 것까지 먹는 법,

그리고 옷을 개는 법, 자고 일어난 자리를 정리하는 법,

심지어 벌여놓은 짐을 다시 싸는 법까지 모든 걸 다시 배워야 했다. 나는 그

동안 가방 안에 아무렇게나 쑤셔넣은 전선들처럼

엉망으로 엉켜 있었다.

남의 도움을 받지 않고 모든 걸 혼자 해야 한다고 해서 겁을 먹기보다는

새로 배울 것들 앞에서 설레기도 한다.

초등학교 시절,

너무 어려서 내가 할 수 있는 일이 고작 운동장을 뒹구는 일밖에 없었다면

이제 내가 할 수 있는 일은 뜀틀을 넘는 것이다.

이 길 위에 수도 없이 놓인 뜀틀을 뛰어넘는 것이다.

떠나온 걸 후회하는 아침

Texas

산소가 부족하지 않을까 해서 자기 전에 조금 열어둔 창으로 싸늘한 공기가 기어들어오고 있음을 느꼈다. 간밤에 잠잘 곳을 찾다가 피곤에 지쳐 결국 사막 한가운데에 차를 세우고 그 안에서 잤던 것이다.

뒷좌석에서 발을 다 뻗지도 못한 채 초록색 침낭 속에 웅크리고 자야만 했다. 차창에 내 온기가 만들어낸 엷은 서리가 뿌옇게 끼어 있었다.

아무리 사막이라 해도 이른 새벽에는 어쩔 수 없는 추위를 견뎌야만 한다는 사실을 알고 있었다. 하지만 너무 추웠고, 오랜 시간 쭈그리고 있어 몸 이곳 저곳이 아팠다. 할 수 없이 일어나 차에 시동을 걸어 히터를 켜고 손을 비비며 추위가 가시길 기다렸다.

시동을 켜둔 채 차에서 내려 처량하게 하늘을 올려다보았다. 몇 개의 별이 보였고 주변에는 파란 어둠이 내려와 있었다. 눈이 시릴 정도로 아름다우면서도 철저하게 날 암담하게 만드는 풍경이었다.

이제 겨우 여정의 삼십 퍼센트……
그것은 아직도 가야 할 길이 더 많이 남았음을 의미했다.

하지만 내게는 이 여행을 끝낼 기력도, 또 그럴 마음도 없었다. 그저 내 일, 내 가족, 내 음악들, 내 글들, 내 감성들, 내 꿈들, 내 친구들 그리고 할머니…… 이 모든 게 간절히 그리울 뿐이었다.

순간 내가 나에게 속삭이는 소리가 들렸다.

"그래, 넌 지금 이곳으로 떠나온 걸 후회하고 있구나."

난 내 마음을 들켜버린 것처럼 놀라서 변명한다.

"아냐, 꼭 그런 건 아냐! 난 그저 추운 것뿐이라고! 난 후회하지 않아!"

사실은 이렇게 떠나온 걸 후회하고 있는지도 모른다. 하지만 그 누구를 원망할 수도 없고, 이제 와서 후회해도 소용없다. 왜냐하면 이 여행을 강요한 사람은 아무도 없었다. 모든 것을 순전히 내가 결정했기 때문이다. 그래서 난 끝까지 갈 수 있다고도, 그러지 못하리라고도 확신할 수 없다.

이제 겨우 석 달 반이라는 시간이 지났을 뿐, 여행의 절반에 육박하고 있다고도 장담할 수 없다. 물론 내 여정이 이래야 한다고 정해준 사람은 아무도 없었다. 그저 길을 따라가다 보니 여기까지 온 것뿐이다.

그동안 두 권의 노트에 짧은 글을 빼곡히 적었다. 그리고 사진도 꽤 많이 찍었다. 하지만 난 언제부턴가 이 대책 없는 여행에 불안함을 느끼고 있었다. 내가 그렇게 불안했던 건, 내 눈에 다 담을 수 없을 정도로 대책 없이 펼쳐진 풍경들 앞에서 내가 너무 멀리 와버린 것 같다는 기분이 들어서였다.

어차피 난 갈 곳을 미리 정해두지 않았기에 길을 잃을 일도 없었다.

하지만 난 바보처럼 자주 길을 잃었다.

망설임이, 불안함이 날 그렇게 만들었다. 정확한 목적지가 있었다면 오히려 찾아가기 쉬울지도 모르지만 목적지가 없었기에 난 길 위에서 항상 망설였고 자주 서성거렸다.

어느새 저 멀리서 붉은 빛이 번지더니 한 치의 망설임도 없이 해가 떠올랐다. 그와 동시에 이제까지 내 주변을 맴돌던 파란 어둠이 서서히 퍼지는 햇살에 녹듯 사라졌고, 떠나온 걸 후회하는 마음도 함께 증발했다.
난 떠오르는 태양을 향해 내 결심을 전하기라도 하듯 오줌을 갈기며 소리쳤다.
"난 절대 후회하지 않아!"

봄의 버팔로

Buffalo, New York State

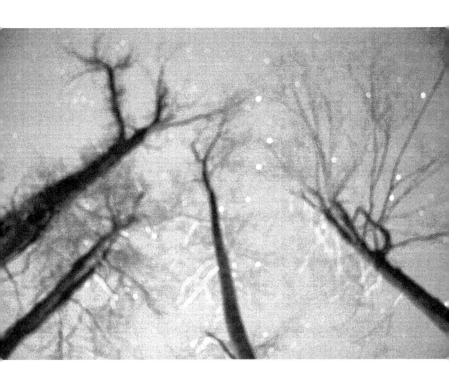

어두워진 창밖에 눈발이 이리저리 휘날리고 있었다.

"버팔로는 아직도 겨울인가봐. 벌써 사월인데."

창밖을 내다보며 데이빗에게 말했다.

"여긴 미국에서도 북쪽이잖아. 그래서 겨울이 아주 길고도 길지. 한국의 추위와는 전혀 다르다고. 얼마 전에는 눈이 너무 많이 내려서 도시의 나뭇가지들이 다 부러졌다니까."

"아, 그래서 버팔로 시내에 있는 나무들이 가지가 없었군."

"그런데 여행을 얼마나 한 거지?"

"시간이 참 빨라. 며칠 전에 온 것 같은데 벌써 넉 달이나 지난 걸 보면."

"벌써 그렇게 됐어? 그래, 미국 여행은 재미있어?"

"재미있어. 아니 솔직히 요즘은 재미보다는 걱정이 많이 돼."

"무슨 걱정? 돈 문제?"

"아니 돈 문제는 아니야. 그저 내가 이렇게 긴 여행을 해도 괜찮은가 하는 걱정."

"그게 무슨 소리야? 미래에 대한 걱정인가?"

"가끔 친구들한테서 온 메일을 보면 모두들 바쁘게 살면서 자기 자리를 찾아가는 것 같아. 그런데 나만 아무 대책 없이 낯선 곳에서 헤매고 있는 것 같아서 약간 두려워. 적은 나이도 아닌데 여기서 시간을 낭비하는 게 아닌가 하고."

"생선, 넌 지금 이 시간이 낭비라고 생각해? 네 여행은 낭비가 아냐! 이건 아무나 가질 수 없는 특별한 시간이라고!"

"그럴까? 하지만 돌아가서 어떻게 해야 할지 걱정이야. 내가 이렇게 시간을 보내는 동안 다른 사람들은 나보다 높이 올라가고 있는 것 같아."

그가 새 맥주를 따서 내게 내밀었다.

"하지만 사람이 살아가면서 꼭 위로 높아지는 것만이 정답은 아닌 것 같아. 옆으로 넓어질 수도 있는 거잖아. 마치 바다처럼. 넌 지금 이 여행을 통해서 옆으로 넓어지고 있는 거야. 많은 경험을 하고, 새로운 것을 보고, 그리고 혼자서 시간을 보내니까. 너무 걱정 마. 내가 여기서 시간을 보내는 동안 다른 사람들이 너보다 높아졌다면, 넌 그들보다 더 넓어지고 있으니까."

뭔가 만들어 먹기에는 이미 늦은 시간이었고 우리는 꽤 취한 상태였다. 데이빗이 갑자기 테이블에서 일어나 싱크대로 가더니 마늘을 까서 볶기 시작했다. 집 안에 금세 향긋한 마늘 냄새가 가득했다. 그냥 가만히 앉아 있기가 뭣해 나도 데이빗 옆에서 싱크대 위에 놓인 감자를 들고 껍질을 벗기기 시작했다.

"뭐 만들 거야?"

"인도식 치킨카레."

"이 밤에? 난 지금 배부른데."

그러자 데이빗이 말했다.

"나도 배불러."

"그런데 왜 갑자기 요리를 해? 누가 먹는다고?"

"꼭 먹으려고 하는 게 아니고 뭔가 요리를 하면서 그 냄새를 맡으며 술을 마시고 싶어. 음식은 내일 아침에 먹어도 되잖아."

우리는 사람의 육체에 대해 이야기하면서 먹지도 않을 음식을 만드느라 밤 늦게까지 꽤 분주했다. 집 안에는 어느새 인도식 치킨카레 냄새가 가득했고, 창밖에는 여전히 버팔로식 봄의 눈발이 내리고 있었다. 태어나 처음 만나는 사월의 눈이었다.

다음날 일어났더니 눈발은 간데없고 화창한 햇살에 눈이 부셨다. 우리는 잠도 술도 덜 깬 상태로 간밤에 만들어놓은 치킨카레를 먹었다. 향기는 좋았지만 하룻밤 지난 탓인지 솔직히 맛은 그저 그랬다. 하지만 뭔가 음식 냄새를 맡으며 술을 마시고 싶다던 데이빗의 말이 모래알처럼 내 머릿속에서 까끌거렸다.

그래, 술만 홀짝거리려 했지 음식 냄새를 안주 삼아 술을 마실 만큼의 멋도 여유도 가질 수 없었던 나는 그렇게 넓은 땅덩어리에서도 좁게만, 좁게만 나를 바라보고 있었다.

사막을 가로지르는 새

사막 한가운데서 갈매기를 보았다.
한참을 내 머리 위에서 날던 새는 불어오는 바람을 타고 하늘을 분할하듯 커다란 곡선을 그리며 사막 어디론가 날아가버렸다.

그런데 사막에 갈매기라니?
아무리 생각해도 이해가 되질 않았다. 내가 지도를 잘못 보고 내가 원하는 방향의 반대쪽으로 온 건 아닌가 하는 생각이 들었다. 그곳으로부터 바다는 정말 멀리 떨어져 있었다. 바다는 정말 멀고 먼 곳에 있었다.

바다에서 멀리 떨어진 이곳까지 갈매기가 날아온 사연은 무엇일까?
갈매기는 어쩌면 그동안의 삶을 벗어나 새로운 세계를 찾아 목숨을 걸고 여기까지 왔는지도 모른다, 나처럼. 아니면 지금 자기가 넓고 넓은 바다 위를 날고 있다고 믿는 건지도 모른다, 나처럼.

새가 날아가버린 텅 빈 하늘을 바라보며, 그저 갈매기가 나처럼 길을 잃고 헤매고 있는 것이 아니기를 바라고 또 바랐다.

여기서 나랑 살자

On the Road

내 의지와 상관없이 밀려오는 세상에 혼자 남겨진 것만 같은 고립감.
그것들은 여행 내내 내 발끝에 매달린 그림자처럼 우울하게 날 따라다녔어.
내가 생각하기에 아마 그건 차창 밖 풍경에서부터 오는 것 같아.
끝을 볼 수 없는 대지와 거기에 연결된 단 한 장의 하늘⋯⋯
산도 없고 집도 없고 나무도 없고, 하다못해 그 흔한 전신주도 없었어.
그저 뻥 뚫린 공간은 내 시야 끝까지 아무것도 없게 하지.

태어나 그렇게 황량한 풍경은 본 적이 없어서 내 속이 다 시릴 정도였어.
이런 곳에선 사람이 살 수 없을 거라 생각했는데 길을 달리다 보면
믿을 수 없게도 간혹 누군가 살고 있는 집들이 있더라.
가장 가까운 마켓을 가러 해도 반나절 꼬박 차를 타고 달려야 하는데 말이지.
근데 이상한 건, 너무 외진 곳이라 사람이 못 살 것 같다는 생각을 하면서도
왠지 한 몇 년은 너랑 여기서 살아보고 싶다는 생각을 해봤어.

전기도 없고 휴대폰도 안 터지고,

인터넷은 물론 꿈도 꿀 수 없는 이곳에다 작은 오두막을 짓는 거야.

난 하루 종일 어딘가 묻혀 있을지도 모르는 석유를 찾으려고

구멍을 계속 뚫거나, 아니면 교과서에 실릴 법한 글을 쓰는 거지.

그리고 넌 메마른 이 땅에 정원을 만들어보려고 매일매일 물을 주는 거야.

물론 넌 상상만으로도 끔찍하다고 하겠지만

생각만큼 그렇게 나쁘지는 않을 것 같지 않니?

어쩌면 몇 년 뒤에 석유를 발견해서 재벌이 되거나

교과서에 내 글이 실릴지도 몰라.

그리고 넌 사막 한가운데에 누구도 가진 적 없는

에덴동산 같은 정원을 가지게 될지도 모르잖아.

어때? 나랑 여기서 살래?

손이 차다는 말보다는 그 손을 끌어다 옆에 두는 편이 더 낫다.

보았다는 말보다는 느꼈다는 말이 더 낫다.

이상하다는 말보다는 특이하다는 말이 더 낫다.

"네 말을 이해 못하겠어"라고 말하기보다는

"다시 한번 말해줄래"라고 말하는 게 더 낫다.

햄버거 가게에서 일하는 걸 수치스러워하기보다

아무것도 하지 않음을 수치스러워하는 게 더 낫다.

지겨워하기보다는 환불을 받는 편이 더 낫다.

다리 아파하기보다는 부서진 의자에 못을 박는 게 더 낫다.

"어릴 때 무엇이 되고 싶었습니까?"라는 질문보다는

"운이 좋다고 믿으세요?"라고 묻는 편이 더 낫다.

침묵하는 습관보다는 말을 적게 하는 습관이 더 낫다.

어둡다고 불평하기보다는 점차 익숙해지기를 기다려

작은 불빛을 내 편으로 만드는 게 더 낫다.

많은 것을 보기보다는 많은 것을 다르게 보는 눈이 더 낫다.

자신이 열등하다고 믿기보다는 가위 바위 보의 확률을 믿는 편이 더 낫다.

많이 달라진 그를 탓하기보다는

전혀 변하지 않은 나 자신을 의심하는 게 더 낫다.

별똥별이 떨어질 때 소원을 빌지 못했다고 투덜대기보다는

하루에 세 번 자기가 원하는 걸 기도하는 편이 더 낫다.

많이 먹기보다는 오래된 생각을 버리는 게 더 낫다.

사랑하기보다는 사랑받는 편이 더 낫다.

spring

봄

안개 속의 풍경

Albuquerque, New Mexico

LA에서 시카고까지 연결된 66번 국도와 40번 고속도로가 관통하는 텍사스 북부의 앨버커키.

이곳은 미국의 다른 도시들에 비해 고도가 높아서 여름에는 덥고 습하며, 겨울에는 하루에도 몇 번씩 비가 내리고 안개가 자욱하게 깔리는 도시다.

내가 머물 때도 하루 종일 비가 내렸고, 그다음엔 어김없이 안개가 도시를 덮어버렸다.

그날 오후 비를 피해 들어간 카페. 해피 아워(happy hour)가 끝나 한가해진 카페 안은 밖에 깔린 안개처럼 커피향이 가득했다. 그리고 난 거기서 널 보았다. 넌 거리가 내다보이는 창가 테이블에 매달리다시피 앉아 이런 변두리 도시는 이제 지긋지긋하다는 표정으로 안개비가 내리는 창밖을 바라보고 있었다. 어린 나이에 걸맞지 않게 진한 화장을 하고 있었지만 그래도 넌 충분히 아름다워 보였다. 너의 피부는 그리스산 대리석처럼 곱고 하얗게 빛났고, 짙은 갈색 머리는 작은 시냇물처럼 네 머리에서 어깨 위로 흐르고 있었다.

난 네 뒤편에 앉아 마시지도 않는 커피를 주문했다. 그게 제일 쌌기 때문이다. 주문한 커피가 내 앞에 놓이고, 난 마시지도 않는 커피에 몇 번이고 숟가락을 찔러 저으면서 안개 덮인 도시를 바라보았다. 너와 함께. 안개 속에 갇혀 이 도시를 영영 벗어나지 못할 것만 같았다. 난 네게 물었다.

"여긴 오늘처럼 안개가 자주 끼나보지?"

넌 날 가만히 바라보더니 말했다.

"여기 처음인가봐? 여긴 가끔 이렇게 안개가 껴. 이 동네는 꽤 높은 곳에 있거든."

"그래. 난 뉴멕시코는 안개가 없을 거라고 생각했는데."

"뉴멕시코엔 여기보다 더 심한 곳도 많아. 거긴 정말 지독하지. 너 여행하는 거냐?"

"응, 여행 중이야. LA에서 뉴욕까지 차로 여행하는 중이야."

내 말에 흥미가 생겼던지 넌 아예 몸을 돌려 이것저것 물어보기 시작했다. 학생? 아니면 그냥 여행자? 그동안 어디어디 다녀왔어? 캘리포니아는 어때? 혼자 여행하면 정말 좋겠다. 뉴욕 가면 뭐할 거야? 끊임없이 질문을 하더니 넌 하소연하듯 네 이야기를 했다. 열여덟 살이고, 여기서 태어나 지금까지 쭉 여기서만 살았다고. 넌 LA나 뉴욕 같은 큰 도시엔 가본 적이 없다고 했다. 하지만 지금부터 한 이년 동안 일을 해서 돈을 모으면 이 지긋지긋한 곳을 떠나 뉴욕이든 LA든 가고 싶다고 했다. 그리고 거기서 헤어디자이너가 되는 게 꿈이라고 했다.

사실 난 네가 너무 빨리 이야기해서 잘 알아듣지 못했다. 하지만 네 입과 눈

을 보며 네가 무슨 말을 하는지 이해할 수 있었다. 그리고 네 이야기가 얼마나 간절한지도. 넌 정말 이곳을 싫어하는 것처럼 보였고 당장이라도 떠날 사람처럼 보였다.

난 네게 한국에 대해서도 조금 말해줬다. 맵지만 정말 맛있는 김치만두, 그리고 러시아워에 서울이 얼마나 차가 막히는지에 대해서도. 넌 내 말을 듣고는 언젠가 한국에도 한번 가보고 싶다고 했다.
한참을 그렇게 이야기하다 보니 어느새 안개가 걷히고 백열등 같은 해가 다시 구름 사이로 보였다.
넌 시계를 보더니 이제 일하러 갈 시간이라고 했다. 그리고 뉴욕에 가면 꼭 메일을 보내달라며 주소를 적어주고 작별인사를 했다. 마시지도 않은 커피에

다 탁자에 놓인 후춧가루를 잔뜩 뿌려놓고는 나도 자리에서 일어섰다.

몇 주 뒤에 뉴욕에 도착해서 너에게 몇 번이고 메일을 보냈지만 어떻게 된 일인지 메일은 계속 내게로 다시 돌아왔다.

난 그저 언젠가 네가 오게 될지도 모르는 뉴욕에 대해서 이야기해주고 싶었다. 그래, 난 그날 너에게 나랑 같이 내 차를 타고 뉴욕으로 떠나자고 말했어야 했는지도 모른다. 아니 어쩌면 뉴욕으로 가고 싶다는 네 소망이 그저 마음 속 꿈일지도 모르니 그 꿈이 잘 자라게 내버려뒀어야 했는지도 모른다.

난 지금 네게 다시 뭔가 묻고 싶은데, 넌 앨버커키의 짙은 안개비 속으로 사라져버렸다. 그래서 난 네게 아무것도 물어볼 수가 없다.

언젠가 생각보다 꽤 많은 미국인들이 자기가 태어난 도시를 벗어나지 못하고 죽는다는 이야기를 얼핏 들은 적이 있다. 넌 그렇게 되지 말기를……

하지만 이것만은 알아둬.

길은 언제나 우리 앞에서 우리를 기다리고 있고 떠나는 건 우리의 진심이야. 돈, 시간 그리고 미래 따위를 생각하면 우린 아무데도 갈 수가 없으니. 네 얼굴을 닮은 꿈과 네 마음을 닮은 진심을 놓치지 않기를……

지금은 우리가 무엇을 원하고 무엇이 되려 하는지 확실히 알 수 없지만, 언젠가 우리 모두 저마다 인생에서 무언가를 꼭 찾아내길 바란다.

어른의 문

Tupelo, Mississippi

이미 소년이라고 부르기에는 너무 커버린 난
다른 친구들처럼 어른이 되지 못하고
아직까지 어른의 문 앞에서 서성이고 있어.
그런데 솔직히 난 지금 내 상태가 마음에 들어.
하지만 서른이라는 문은 굉장한 협곡처럼 보여서
난 그 협곡을 넘을지 말지를 고민하고 있어.
계속해서 불안하고 현명하지 못할 바에는
이대로 어른이 되지 않고
내가 살아온 시간으로 거슬러 올라가면 안 될까.
그렇게 한 살에서 죽는 건 어떨까.

이른 오후를 닮은 여자

여자 그리고 섹스에 대한 그리움은 여행 중에 가장 참기 힘든 것 중 하나였다. 마치 몸에서 사리가 한 주먹은 나올 것만 같았다. 여행 초반에는 여정에만 신경 쓰느라 생각도 못하다가 시간이 지나자 자연스럽게 그것들이 내 머리와 가슴 안으로 스며들어 나를 애무했다. 진심으로 여자와의 섹스가 그리웠다. 난 젊으니 당연한 일이었다.

그렇다고 특정한 누군가를 그리워했던 건 아니다. 그동안 사귀었던 친구들이 나를 부드럽게 쓰다듬어주던 손길이 그리웠고, 나를 보며 가만히 미소 짓던 그 표정이 보고 싶었다. 그녀들의 머리를 쓸어 올려주면서 맡을 수 있었던 샴푸 냄새가 그리웠다. 그리고 오르가슴에 도달할 때면 미세하게 진동하던 여자의 몸을 느끼고 싶었다. 사실 그런 동물적인 욕구들은 그동안 그녀들과 공유했던 시간을 하나하나 뒤집어 재단할 수 있게 해주어 늦도록 잠들지 못하는 밤 시간을 풍요롭게 해주었다.

언제나 그랬던 것처럼 함량 부족의 욕구를 다스리지 못해 안달했고, 누군가 옆에 있어도 난 외로웠고 항상 뭔가 부족했다. 그래서 늘 누군가를 찾았으며 또 지금도 찾고 있다. 쉽지는 않을 것이다. 어쩌면 발기가 되지 않아 남자로서 생이 끝날 때까지 항상 누군가를 그리워하고 그녀들과 나누는 섹스를 상상만 할지도 모른다.

섹스는 그저 여자와 남자가 포개어 자는 것만을 의미하진 않는다.
섹스는 그 어떤 언어로도 표현할 수 없는 서로에 대한 정신적 교감이며, 오직 둘만이 누릴 수 있는 은밀한 짓거리이다.

물론 경우에 따라서는 셋이 될 수도 있고 넷이 될 수도 있겠지만……

섹스 없이 지낸 나의 몇 달은 지하철 역사에 누군가 흘리고 간 파란 장갑 한 짝처럼 처량했다. 그리고 아침이면 잠에서 깰 때마다 몹시 추웠다.
나 아닌 타인의 온기가 그리웠고, 누워서 누군가의 얼굴을 올려다보고 싶었다. 친구와 메신저를 통해 이런 이야기를 나눴는데 내 신세가 딱하다며 친구가 여덟 시간에 걸쳐 보내준 '야동'을 보고 나니 그나마 위로가 되었다.

넌 내가 이백 달러만 주면 나랑 자주겠다고 했다. 원래 이백 달러면 핸드 서비스까지만 해주는데 내가 마음에 든다며 그 돈에 리얼한 섹스를 즐길 수 있게 해주겠다고 했다. 그리고 떨리는 내 손을 네 가슴 위에 올렸다. 네 가슴은 참 따뜻하고 포근했다.
한참 동안 네 가슴 위에 올려진 내 손은 평화로워 보였다. 마치 종교적으로 느껴졌다. 난 네 가슴에서 어렵사리 손을 떼며 말했다.
"난 가난한 여행자야. 그럴 돈이 없어. 그 돈이 있다면 난 쿠바행 비행기 티켓을 사고 우크렐라*도 살 수 있을 거야. 미안해. 너의 배려는 고맙지만……"

넌 웃으면서 섹스보다 쿠바에 가는 게 더 중요하냐고 물었다.

"너같이 아름다운 금발 여자와 자는 건 모든 아시아 남자들의 로망이야. 하지만 네게 이백 달러를 주고 섹스를 하고 나면 이 상태에서 나 자신을 용서할 수 없을 것 같아."

넌 내게 물었다.

"종교 때문이야?"

"아니, 그건 아냐. 그냥 난 네가 만난 남자들하고는 조금 다르게 기억되길 바랄 뿐이야."

넌 한참을 웃었다.

"넌 진짜 이상해. 혼자 미국을 횡단한 것부터. 그리고 나하고의 섹스 대신 쿠바와 우크렐라를 중얼거리는 걸 보면."

해가 지고 거리는 집으로 돌아가는 멋쟁이 뉴요커들로 붐볐다. 담배 한 대를 더 권했지만 그녀는 이제 일하러 가야 한다며 뒤도 안 돌아보고 인파 속으로 사라졌다.

난 얼간이처럼 그녀가 혹시 되돌아올지 모른다는 생각에 한참을 앉아서 지나가는 사람들의 행렬을 바라보았다. 날씨가 좋아서 그런지 모두 화려하고 아슬아슬한 옷을 입고 있었다. 그 광경을 바라보고 있자니 마치 호주 마디그라 축제**의 퍼레이드를 보는 것만 같았다. 지루하지 않은 풍경이었다.

그러다 가만히 생각해보니 백인 여자가 내게 말을 걸어온 건 미국 와서 오늘이 처음이라는 걸 알게 되었다. 미국에 온 지 사개월이나 되었고 그동안 미국을 횡단하면서 무수히 많은 동네에 머물렀지만 아무도 내게 먼저 말을 걸지 않았었다.

비록 그녀와 자지는 못했지만 누군가와 이야기할 수 있었다는 것만으로도 참 좋았다. 덤으로 사람 많은 거리에서 한 여자의 가슴까지 만졌으니……

오늘은 억세게 운수 좋은 날인지도 모르겠다.

* 우크렐라 : 기타의 일종으로 하와이의 민속 악기.
**매년 삼월경 시드니에서 열리는 세계적인 게이 & 레즈비언 축제.

울면서 달리기

Texas

그날은 여느 때와 다름없는 날이었다.

대기는 건조했고 태양은 머리 위를 뜨겁게 달구고 있었다.

그리고 차창 밖에는 벌써 며칠째 같은 풍경이 진저리나도록 펼쳐지고 있었다.

붉은 대지, 거기에 아무렇게나 자라는 잡초들, 그리고 버려진 자동차들……

이런 풍경을 관통하다 보니 내가 지금 어제나 그제 달렸던 길을 또다시 달리는 건 아닌가 하는 착각도 들었다. 그리고 내 차가 정말 동쪽으로 향하고 있는지도 알 수 없었다.

그런데 갑자기 눈물이 두 볼을 타고 흘러내리는 것이었다.

아무도 보는 이 없었지만 창피해서 얼른 흐르는 눈물을 닦았다.

하지만 눈물은 쉽게 멈추지 않았다.

뭐가 그렇게 사무쳤는지 한동안 소리 없이 눈물만 계속 흘렀다.

눈물 때문에 시야가 흐려져 길이 희미하게 보였지만, 어차피 길 위에는 내 차밖에 없었기 때문에 나는 멈추지 않고 계속 달렸다.

유치원 다닐 적에 놀이동산에서 처음 길을 잃고 울었을 때처럼 아마 그때 이 넓은 땅덩어리에서 길을 잃을까봐 무서워 울었는지도 모른다. 하지만 길을 잃을까봐 걱정할 필요는 없었다.

왜냐하면 길은 오직 앞으로만 뚫려 있었고, 어차피 딱히 어딜 가야겠다고 정해둔 곳도 없었다. 내가 멈추는 곳이 곧 나의 목적지였다.

그래도 매순간 내가 지금 어디에 있고 내가 가는 방향이 맞는지 불안해하며 지도를 봤지만 정확히 알 수 없는 경우가 많았다. 그때 내가 할 수 있는 일이라고는 울면서 달리는 것뿐이었다.

살아가면서 내가 지금 어디에 있고 어디로 가야 하는지 정확하게 알고 있다면 지금처럼 혼란스럽거나 불안하지 않겠지만, 우리들 대부분은 그걸 모른 채 여기저기 헤매고 있다.

그래서 나는 울면서 달렸고, 어쩌면 당신도 나처럼 울면서 달리고 있는 중인지도 모른다.

하바수 호수에서 보낸 밤

Lake Havasu, Arizona

하바수 호수 야영장에 도착했을 땐 여섯 개 야영장 모두가 벌써 만원이었다. 관리자 말로는 봄방학 기간이라 이미 오래전부터 예약이 꽉 차 있었다고 말했다. 그리고 자리가 있다 해도 텐트나 캠핑카가 없으면 미국캠핑협회 규정상 그곳에 머물 수 없다는 말도 덧붙였다.

어찌해볼 도리가 없었다. 그래도 아쉬움이 남아서 호수 근처를 두리번거리고 있는데, 아직 대낮인데도 벌써 술에 취해 얼굴이 벌겋게 달아오른 사내 녀석이 지나가며 내게 담배 하나를 빌려달라고 했다.

난 그에게 담배를 건네고는 호숫가 나무 벤치에 앉아 그와 이런저런 이야기를 나누었다.

그는 자기를 에릭이라고 소개했다. 콜로라도 덴버에서 대학을 다니는데 봄방학을 맞아 친구들과 삼박사일 간 캠핑을 왔다고 했다. 난 혼자 미국을 횡단중이라고 말하며 여기서 캠핑을 할까 하고 왔는데 자리도 없고 텐트도 없어서 다른 잠자리를 알아봐야 한다는 얘기를 하소연하듯 했다. 그랬더니 에릭은 걱정 말고 자기 텐트에서 같이 머물자며 다짜고짜 나를 이끌고 텐트 있는 곳으로 데려갔다.

거기에는 이미 네 명의 사내아이들이 야영장 돌판에 소시지를 구워가며 맥주를 마시고 있었다. 모두들 거나하게 취해 있긴 매한가지였다.

에릭은 친구들에게 나를 소개하며 미국을 혼자 횡단하고 있다는 이야기를 전했다. 그러자 녀석들이 일제히 괴성과 함께 환호를 보내며 내게 맥주를 권했다. 얼떨결에 난 그 무리에 끼어서 그들과 한참을 머물렀다.

그들은 이미 다들 취해 있었기 때문에 목소리가 컸고, 무슨 말이 끝날 때마다 마치 인디언들의 의식처럼 코요테 울음 같은 소리를 질러댔다. 난 그것

이 마음에 들지 않았지만 그래도 분위기를 깨고 싶지 않아 무슨 말이 끝날 때마다 그들을 따라 코요테처럼 소리를 질렀다. 은근히 그 의식에 중독되었던지 그들과 헤어지고 난 뒤 며칠 동안 나도 모르게 혼자 있을 때도 소리를 질렀지만 말이다.

그렇게 시간은 가고 어둠이 우리 몸을 척척하게 적셔왔다.

모두들 자야 할 시간이었다. 그런데 막상 텐트에서 자려고 보니 여섯 명이 자기에는 텐트가 너무 작았다. 그래서 몇 명은 텐트에서 자기로 하고 나를 포함한 나머지는 비치 의자에 침낭을 깔고 밖에서 자기로 했다. 한마디로 노숙인 것이다. 하지만 뭐 그렇게 나쁘지는 않았다. 모두가 잠들기 직전, 천지를 구분할 수 없는 어둠이 찾아왔고 그 뒤로 고요함이 따라왔다.

싸늘한 추위를 몰아내자며 그들이 나눠준 위스키를 마시고 침낭 속으로 파고들었다.

까만 하늘에 빛나는 수만 개의 별들이 보였다. 태어나서 그렇게 많은 별을 본 건 처음이었다. 왠지 모르게 가슴이 뭉클했다. 그리고 아까는 듣지 못했던 호수의 잔물결 소리며 작은 풀벌레 소리, 심지어 구름이 내 머리 위로 흘러가는 소리까지 들렸다. 그 순간 평화가 밀물처럼 내 안으로 흘러들어왔다. 난 이내 행복했다. 그동안 나를 수없이 망설이게 했던 길에 대한 불안감이 달귀진 팬 위의 버터처럼 소리 없이 사라졌다. 저 위에서 누군가가 내가 이곳에 머무는 걸 이제야 겨우 허락하고 나를 받아들이는 것처럼 느껴졌다. 고맙고 귀여운 녀석들, 잘 자라. 내일 아침엔 내 너희들을 위해 그동안 아끼고 아껴두었던 컵라면을 풀리라.

정오의 교차로
Mississippi

미시시피 강과 연결된 어느 작은 늪지대를 찾아가는 길이었다.

가던 길을 잠시 멈추고 뭔가 시원한 것을 마시려고 아무도 없는 교차로에 있는 레스토랑에 들어가 앉아 아이스티 한 잔을 주문했다. 이른 시간이라 그런지 가게엔 아무도 없었고 음악 소리조차 들리지 않았다.

바텐더는 늙은 흑인이었는데 인상만으로도 무척 인자해 보였다.

그는 내게 인사를 건네며 물었다.

"여행객인가 보죠?"

난 그렇다고 대답하고 내가 찾아가려는 곳을 지도에서 가리키며 어떻게 가는지를 물었다.

"여기서 그리 멀지는 않지만 거길 왜 가려는 거죠? 거긴 아무것도 없어요."

난 웃으며 말했다.

"거기 작은 사거리가 있는데 거기 가면 악마를 만날 수 있다고 하던데요?"

그도 따라 웃으며 내게 물었다.

"그래, 악마를 만나면 뭘 하려고요?"

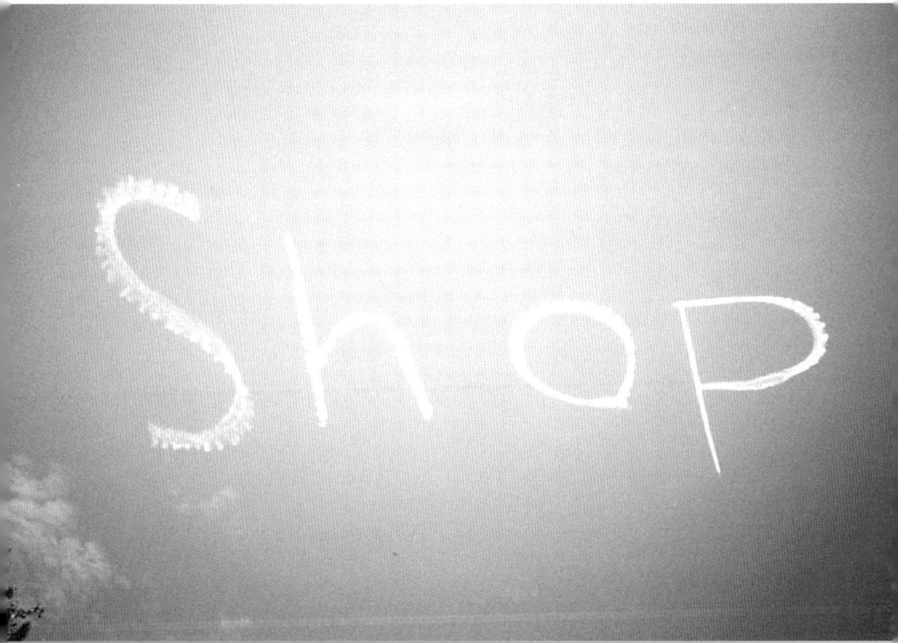
Shop
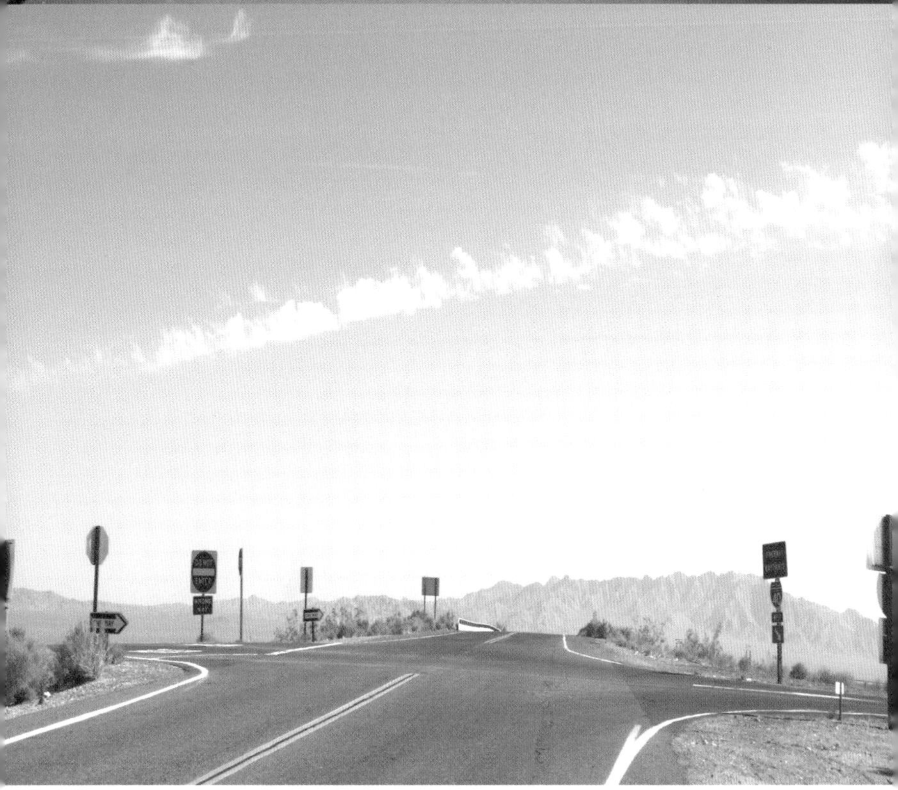

"교차로에서 악마를 만나 영혼을 팔면 대신 다른 능력을 얻을 수 있다고 들었어요."

"그래, 어떤 능력을 당신 영혼과 바꾸려고요?"

난 어깨를 으쓱하며 말했다.

"글쎄요. 저도 확실히 모르겠어요. 그저 뭔가 내가 갖지 못한 다른 능력을 가지고 싶어요. 예를 들면 끝내주는 블루스 연주 실력이라든가……"

그가 웃으며 내게 물었다.

"블루스 음악 좋아해요?"

"아니 뭐, 좋아하긴 하는데 잘 몰라요. 그냥 미시시피에 왔으니 그 교차로를 보고 싶은 것뿐이에요."

그가 웃으며 다시 말했다.

"그러면 가봐요. 뭔가 기대하는 게 있다면…… 가보지 않으면 알 수 없는 거잖아요."

동네 어귀에 있는 사거리에서 지도를 보며 미시시피 강 하류 쪽으로 가는 길을 찾고 있을 때였다. 한 여자가 소리 없이 다가오며 먼저 묻지도 않는데 조용히 손가락을 들어 내가 찾는 길을 가르쳐주었다.

난 그녀의 존재가 의심스러웠다.

"어떻게 내가 그 길을 찾는 줄 알았어?"

"여기 오는 사람들 대부분이 그 길을 찾거든."

그녀는 짧게 대답하고는 내가 어떻게 가면 좋을지 지도 위에 간단히 표시까지 해주었다. 잠시 손끝을 스쳤을 뿐인데 그녀가 내 영혼을 사간 건 아닌지 의심스러웠다. 내가 목적지에 도착하기도 전에 그녀로 변한 악마가 먼저 나타나 내 영혼을, 영혼을……

목적지에 가도 악마는 보이지 않았다. 잠깐 만난 그녀가 내 영혼을 가져간 게 틀림없다는 생각이 들었다.

그늘도 없는 교차로에 나타난 그녀에게 내 영혼을 팔았지만, 이상하리만큼 변한 건 아무것도 없었다.

전해 내려오는 이야기처럼 영혼을 팔고 나서 미친 듯이 기타 솔로를 연주하는 블루스 연주자나 이제까지 그 누구도 표현한 적 없는 궁극의 문장들을 마구 써내려가는 작가가 된 것도 아니었고 갑자기 부자가 된 것도 아니었다. 난 여전히 가난한 여행자였고, 무엇인가를 찾아 계속 여기저기를 배회하고 있었다.

다만 그날 이후로 동전 두 개의 무게만큼 몸무게가 줄었을 뿐, 변한 건 아무것도 없었다. 그래서 내가 그녀에게 영혼을 팔았던 일이 왠지 한낮에 꾼 뒤숭숭한 꿈처럼 느껴졌다.

영혼을 팔 수는 있어도 얻을 수 있는 건 아무것도 없다는 걸 알았다.

그녀는 내 영혼을 빼앗았다고 생각할지 모르지만 나는 단 일 밀리그램의 영혼도 빼앗기지 않았다고 믿으면 되는 거였다.

영혼은 내 안에 있다.

If I Die

"내가 만약 이 여행에서 돌아오지 못하고 어딘가에서 죽어버린다면 어떻게 할 거예요?"

"농담이라도 그런 말 말아요. 기분 나쁘니깐……"

"하지만 아주 불가능한 일도 아니죠. 사람 일이란 게 어떻게 될지 모르잖아요. 신문을 보면 하루에도 수없이 많은 사람들이 죽어가는데. 만약 내게 그런 일이 일어나더라도 그리 이상한 일도 아니라고 생각하는데?"

"그래도 싫어요. 하지 마요."

"만약에 내가 죽게 된다면 내가 죽는다는 사실도 모르고 죽는 것보다 내가 죽는 걸 의식하면서 서서히 죽어갔으면 좋겠어요. 그럼 왠지 죽는 게 억울하지 않을 것 같아요."

"그리고 혹시 당신이 죽게 되면 난 엄청 많이 울 것 같아요. 몇 날 며칠 밤을 모든 게 다 떠내려갈 정도로……"

"……"

그리고 전화가 끊어졌다. 전화 회선이 좋지 않아서였는지, 아니면 내 말이 듣기 싫어 그녀가 끊어버렸는지 알 수 없었다.

다만 이런 말을 하는 내가 바보 같다는 생각이 들었다.

그녀는 내가 여행을 하는 동안 나에게 책을 부쳐주기로 한 여자다. 내가 자주 가는 홍대 앞 카페에서 일하는데 여행을 떠나기 전 내가 좋아하는 책들을 상자로 실어다 그녀에게 전해주었다.
"내가 정말 좋아하는 책들이에요. 읽어요."
그녀는 그 많은 책들을 고마워하며 나에게 어떻게 보답할지를 물었다. 나는 여행 중에 정말 읽고 싶은 책이 있으면 부탁할 테니 그때 부쳐달라고 했다. 그녀는 그러겠다고 했다. 나는 그녀에게 책을 부탁하려고 전화를 한 게 아니라 단지 그녀의 목소리가 듣고 싶어 전화를 건 것뿐이었다. 내 전화를 받고 그녀는 기분이 안 좋아졌을지도 모르지만 내 기분은 분명 그전보다 많이 나아지고 있었다.

여행을 하면서 나는 죽음이라는 것에 대해 난생처음으로 생각했다. 나는 분명 달라지고 있었다. 하지만 읽고 싶은 책이 생길지, 아니면 다시 그녀에게 전화를 걸지 그건 잘 모르겠다. 책이 아니더라도, 그 누군가가 아니더라도 자유에 집중하다 보면 내가 천 년은 더 살 수 있을 것 같은 기분만큼은 확실했다.

나만 그런 것이 아니기에

하루하루 똑같이 반복되는 일상은

나만 그런 것이 아니기에 참을 수 있었다.

통장의 잔고와 내일 출근할 일을 걱정하는 것이 나만이 아니기에

오늘도 걱정할 수 있었다.

감정의 낭비, 물질의 낭비를 삼가야겠다고 결심하면서도

나 혼자만 그렇게 살기엔 억울한 것 같아 그럴 수 있었다.

고즈넉한 밤 침대에 누워 마스터베이션을 하는 것이 나만이 아니기에

날 용서할 수 있었다.

하루에도 몇 번씩 참을 수 없이 화가 나

더러운 말을 입에 담는 것이 나만이 아니기에 그냥 넘어갈 수 있었다.

이제는 그만 해야지 하며 수만 번 다짐하고도 담배를 피우는 것이

나만이 아니기에 오늘도 담배를 피울 수 있었다.

정확하지 않은 감정을 끌고 많은 사람들 앞에서 우는 소리를 하는 것이

나만이 아니기에 부끄럽지 않았다.

기대려고 하지 말고 사랑하지 말아야 함에도

남들도 다 그렇게 살아가기에 그 일을 번복하고 말았다.

나보다 강한 자를 만날 때 나도 모르게 주눅 드는 것이

나만이 아니기에 그 수치심을 견딜 수 있었다.

남들과 난 다르다고 느끼는 이 알 수 없는 자신감은

나만 그렇게 뻔뻔한 게 아니기에 괜찮았다.

더는 속지 않고, 더는 바보가 되지 말아야 하지만

나만 맨 정신이면 무슨 소용인가 싶어 속기도 하고 바보가 되기도 한다.

하지만 남들은 쉽게 떠나지 못하더라도

지금 안 하면 평생 못할 것만 같기에 난 대차게 떠나기로 했다.

세상에 없는 걸 세상에 있게

Knoxville, Tennessee

내가 만약 너를 다시 만나게 된다면 여기였으면 좋겠어.

여기에 있으면 아마 아무도 우리를 찾지 못할 거야.

그리고 이곳 사람들은 우리에 대해서 아무것도 모르겠지.

조금 늦었지만 그렇게 우리 둘이 다시 새롭게 시작할 수 있을 거야.

여긴 비록 아주 작은 동네이긴 하지만 평온하게 살 수 있을 것 같아.

왜냐하면 내 옆에는 네가 있을 거고 네 옆에는 내가 있을 테니까.

그것만으로 그 어떤 걱정도 녹을 테니까.

우선 자그마한 집을 구해 예쁜 화단을 만들자.

여름에는 화단 앞에서 밥을 먹고, 겨울에는 한 장의 담요를 나란히 뒤집어

쓰고 커피를 마시자. 화단 옆에서 화단이 내는 소리를 들으며 살아가자.

난 너를 위해 상점에서 일을 시작할게.

비록 많은 돈은 벌지 못하겠지만 정말 많은 게 필요 없을 거야.

내가 일이 끝나고 돌아오길 기다려줄래?

집으로 돌아가는 길에 근처 가게에 들러

너와 함께 마실 와인과 치즈를 사갈게.

우리 둘이 작은 테이블에 앉아 그걸 기분만큼 나눠 먹는 거야.

물론 그전에 넌 네가 좋아하는 작은 초를 몇 개 켜두겠지.

그동안 내가 너 때문에 저질러야 했던 수만 가지 실수들과

죄책감들을 잊고 밤새도록 아주 긴 이야기를 나누자.

여기라면 우리가 꼭 무엇이 될 필요는 없어.

그저 둘이 서로를 의지하면서 살면 되는 거야. 아주 조용하게.

전화도 필요하지 않을 것 같아. 아플 일이 없을 테니 약도 필요 없을 거야.

전화가 필요하면 네 귀에 대고 말하면 되고,

약이 필요하면 서로의 이마에 오래 손을 얹고 있으면 될 테니까.

세상에 없는 새로운 색깔도 만들자.

세상에 없는 인형들도 만들자.

만약 너와 내가 각자 살다가 문득 사는 게 견딜 수 없이 고달파지면

여기서 만나는 것으로 하자.

기억해줘.

내가 너에게 이야기했던 이곳, 녹스빌을……

돌아갈 길을 모를 때

New Orleans, Louisiana

그런 기분 알아?

돌아갈 곳은 분명히 있는데 그곳으로 어떻게 가야 하는지 그 방법을 모를 때 심정 말이야.

뉴올리언스에 도착한 첫날, 야경을 보겠다고 해 질 무렵 혼자 숙소에서 나와 몇 시간 동안 드라이브를 즐겼어.

그러다 피곤해져서 숙소로 돌아갈 때쯤 그만 길을 잃어버린 거야.

차에 내비게이션이 있었기 때문에 내가 길을 잃어버릴 거라는 생각은 단 한 번도 해본 적이 없었어. 그런데 돌아가겠다고 마음을 먹는 순간, 갑자기 내비게이션이 먹통이 돼버린 거야.

처음에는 그냥 배터리가 다 된 줄 알고 충전 케이블을 연결했는데 그래도 내비게이션이 말을 듣지 않았어. 그래서 그냥 지도를 보면서 가려고 지도를 찾았는데 아무리 찾아도 지도가 없는 거야. 그제야 난 숙소에서 나올 때 지도를 가져오지 않았고, 심지어 숙소의 주소와 연락처도 챙기지 않았다는 걸 알았어. 그 순간 얼마나 당황스럽고 아찔했던지 갑자기 아랫배가 쑤시면서 아프기 시작했어.

내가 아는 거라곤 오직 숙소 이름뿐. 거리 이름도 몰랐고 그게 대략 어디쯤인지도 기억나지 않았어.

담배 몇 개비를 허비하며 마음을 진정시키기 위해 필사적으로 노력하면서 무작정 내가 왔을 법한 길을 거슬러 가는데 점점 엉뚱한 곳으로 가는 것만 같았어. 주위를 아무리 둘러봐도 모든 게 낯설기만 했거든.

뉴올리언스는 길이 워낙 미로처럼 되어 있는데다, 몇 년 전 불어닥친 태풍으로 도시 전체가 마치 2차 세계대전 당시 연합군의 융단 폭격을 맞은 독일의 드레스덴처럼 폐허가 돼버렸거든. 그곳에 살던 많은 사람들이 다른 곳으로 떠나버리는 바람에 집이 절반도 넘게 비었대.

시간이 늦어서 거리엔 오가는 사람들도 없었어. 설령 있다 해도 어떻게 물어봐야 할지 아무것도 모르겠더라.

결국 몇 시간 동안 헤매다 지쳐서 어딘지도 모르는 어두운 길가에 차를 세우고 차 안에 멍하니 앉아 있었어. 나도 모르게 눈물이 주르륵 흘러내리더군. 돌아갈 길을 모르는 내가 처량하게 느껴졌고 그러다 왈칵 무서워졌거든. 걷잡을 수 없이 눈물이 계속 쏟아지는데 정말 대책이 없었어.

그렇게 한참을 울고 앉았는데 갑자기 내 뒤로 눈이 부실 정도로 번쩍이는 불빛이 켜지면서 순찰차 사이렌 소리가 들리는 거야. 엉뚱한 짓 하지 말고 손을 잘 보이게 해서 차에서 내리라는 마이크 소리가 들렸어. 난 또 한 번 당황하면서 서둘러 눈물을 닦고 아주 기다시피 해서 천천히 차에서 내렸지. 그랬더니 경찰이 내게로 다가오면서 손전등으로 내 얼굴을 비추더라.

경찰과 눈이 마주친 순간, 그는 내가 방금 전까지 울고 있었다는 사실을 알아채고 당황하더라. 아마 그때 누구라도 날 봤다면 내가 울고 있었다는 사실을 알아챘겠지.

경찰은 순찰차에 타고 있던 동료에게 사이렌과 라이트를 끄라고 지시했어. 그리고 나더러 여기에 차를 세워두면 안 된다고 했어. 그는 내게 무슨 일이 있냐고 물었지. 내가 강도라도 만난 줄 알았나봐. 난 터지려는 눈물을 꾹 참으며 처음 놀이동산에 갔다가 엄마를 잃은 아이처럼 말했어.

"바보 같지만 길을 잃어버렸어요. 내비게이션을 따라 숙소로 돌아갈 수 있었는데 갑자기 고장 나는 바람에……"

그는 숙소의 이름을 알려달라고 하더니 순찰차로 돌아가서 어디론가 무전을 치더라. 그의 동료가 내게로 와 이런저런 걸 물었어. 차로 갔던 다른 한 명이 다시 내게로 와서 내가 묵는 숙소의 주소가 적힌 쪽지를 건네더군. 난 그 쪽지를 받아들고 이렇게 물었어.

"그런데 내가 지금 어디에 있는 거죠?"

그제야 그들은 내가 지금 어디에 있는지조차 모른다는 걸 알았던 거지. 그들은 한참을 뭐라고 설명하더니 내가 잘 못 알아듣는다고 생각했는지 자기들을 따라오라고 그러더군.

그들은 내 앞을 천천히 달리면서 내가 묵고 있는 숙소까지 데려다줬어. 뉴올리언스 거리를 삼십분이나 달려서 말이지.

도착하자마자 너무 고맙다고 하자, 그는 딱하다는 표정을 지어보이며 어서 방에 가서 뜨거운 물로 샤워하고 좀 쉬라고 했어. 많이 힘들어 보인다며. 그리고 한국은 어떤지 모르지만 미국은 정말 큰 나라니까 다음부턴 지도를 꼭 가지고 다니라고 당부하고선 돌아갔어.

그들이 떠난 자리에 한참을 쭈그리고 앉아서 생각했어.

돌아갈 곳이 있다는 게 얼마나 큰 행복인가에 대해서. 돌아갈 길을 모르는 바보가 되었다는 사실이 얼마나 고마운 경험인가에 대해서. 그리고 가끔은 바보가 되어 누군가가 나를 어디론가 데려다준다는 것이 얼마나 괜찮은 일인가에 대해서도.

지긋지긋한 관계들 속에서 어디론가 조용히 숨고 싶을 때, 난 이 일을 되새기게 될 것 같아. 결국은 돌아올 수밖에 없는 지도를 들고 결국 그 길을 돌아올 테고, 다시 그 사람들 속에서 그 관계를 고마워하면서 살아갈 테니까. 그렇게 결국 혼자서는 살아갈 수 없을 테니까.

짐을 풀지 말자

여기서 짐을 풀 필요가 없다.

난 내일이면 또다시 다른 곳으로 떠날 테니까.

빨래를 할 필요도 없다.

다시 떠나기 전 옷이 마를 리 없으니까.

샤워를 할 때도 가능하면 흔적을 남기지 말자.

방 안에 있는 모든 걸 내가 처음 왔을 때 그대로 두자.

난 누군가에게 하룻밤 신세를 지는 거니까.

매일매일 천장이 바뀐다고 불평하지도 말자.

그나마 낯선 곳에서 천장을 보고 누울 수 있는 것만으로도 난 운이 좋으니까.

자꾸 시간을 확인하지 말자.

어차피 이 길에서 중요한 건 하루가 가고 하루가 오는 것이다.

자꾸 지나왔던 길을 뒤돌아보며 후회하지 말자.

다시 돌아가기에는 너무 멀리 와버렸으니까.

그러니 앞으로만, 앞으로만.

타인의 취향

커피를 마시고 바로 컵을 씻어놓을 수도 있다.

담배를 피우면서 초를 켜놓을 수도 있다.

한 가지 브랜드의 음식만 고집할 수도 있다.

집 안에 하나 이상의 불을 켜두고 잘 수도 있다.

자기 전, 그리고 일어나서 반드시 샤워를 할 수도 있다.

길을 걸을 때 항상 왼쪽으로만 걸을 수도 있다.

음악을 좋아하지만 볼륨을 작게 해서 들을 수도 있다.

욕실에 머리카락이 떨어진 걸 못 참을 수도 있다.

라떼를 마실 때 우유 대신 두유를 넣을 수도 있다.

일을 할 때는 전화를 받지 않을 수도 있다.

문자 메시지보다 음성 메시지 남기는 걸 더 좋아할 수도 있다.

옆에 누가 있으면 잠들지 못할 수도 있다.

머리를 자를 땐 혼자 가야 하는 거라고 믿을 수도 있다.

자는 내내 벽에 붙어서 잘 수도 있다.

껌을 씹으면서 담배 피울 수도 있다.

치즈를 못 먹을 수도 있다.

집에서 음식을 만들어 먹지 않을 수도 있다.

사용한 수건을 아무데나 걸어둘 수도 있다.

옷 빌려 입기를 좋아할 수도 있다.

아무데서건 코 후비는 걸 좋아할 수도 있다.

그리고 손을 잡고 걷는 걸 좋아하지 않을 수도 있다.

어느 날 당신은 당신과 전혀 다른 취향을 가진 누군가를 만나 사랑을 느끼게 될지도 모른다. 하지만 시간이 흐르고 서로에게 익숙해질 대로 익숙해지면, 당신은 자신도 모르는 사이에 그의 취향을 따라하게 될지도 모른다. 아니면 그 취향을 둘러싼 그 이상의 것들 편에 서서 그를 배려하게 될지도 모른다.

어쩌면 사랑은 그런 것인지도 모른다.

취향에 대해서만큼은 좀더 자연스러워지고 편안해지는 것.

하지만 난 지금껏 취향 때문에 몇몇 사람을 떠나보내야 했다.

이해하기보단 부담스러워했다.

덮어주기보단 비아냥거렸다.

익숙해질 때까지 기다리지 못하고 등을 돌려버렸다.

지금보다 더 유치하고 어리석었던 그 시절 때문에라도

이제는 내가 사랑할 사람들한테 내 취향을 짓밟힐 준비가 돼 있다.

어쩌면 그게 여행

밤새도록 잠들지 못하고 뒤척이다 새벽녘에 꾼 꿈에 놀라 일어나
왠지 모르게 슬픈 기분이 밀려오면, 어쩌면 그게 여행인지 모른다.
무슨 요일인지 중요하지 않은 당신의 게으른 어느 일요일,
모처럼 활짝 열어놓은 창문으로 불어 들어오는 바람을 맞으며
문득 행복하다고 느낀다면, 어쩌면 그게 여행인지 모른다.
며칠 동안 익숙했던 길이 오늘따라 낯설어 보여 지도를 확인하게 되면,
어쩌면 그게 여행인지도 모른다.
당신 옆에 잠들어 있는 누군가를 보며 포근함을 느낀다면,
어쩌면 그게 여행인지 모른다.
고민해서 산 기념품을 들여다보며 A에게 줄까, B에게 줄까, C에게 줄까
고민하며 행복해하는 마음이 어쩌면 여행인지 모른다.
서랍을 정리하다 영수증 뭉치에 가려진 여권을 찾았을 때의 설렘,
어쩌면 그게 여행인지 모른다.
문득 통장의 잔고를 떠올리다가 동시에 '그건 하나도 중요하지 않아'
라는 생각이 든다면, 어쩌면 그게 여행인지 모른다.

집에 두고 온 선인장이 지금쯤 어떻게 되지는 않았을지

조금 걱정이 된다면, 어쩌면 그게 여행인지 모른다.

혼자 지내는 여유가 너무 싫지만 그래도 여유의 끝을 생각하는 게 싫다면,

어쩌면 그게 여행인지 모른다.

낯선 사람들의 시선을 낯설지 않게 받아들이는 것,

그 시선으로부터 오히려 자유로울 수 있다면,

어쩌면 그게 여행인지 모른다.

134

딴생각을 하다가 내려야 할 역을 지나쳐 다시 돌아오는 열차에 몸을 실으며
한번 웃게 된다면, 어쩌면 그게 더 여행다운 여행인지 모른다.
밤하늘에 떠 있는 별과 달을 보며 고향에서 본 적이 있는
별과 달을 떠올리게 된다면, 어쩌면 그게 여행인지 모른다.
길을 걷다 마주친 그 사람이 마음에 들어 뒤돌아봤을 때, 거기에
아무도 없어 아쉽고 서늘한 마음이 든다면, 어쩌면 그게 여행인지 모른다.
항공사 마일리지 적립 때문에 연회비를 내면서까지
그 카드를 사용하는 고집, 어쩌면 그게 여행인지 모른다.
아침에 일어나 치약이 떨어졌다는 걸 알고 물로만 입을 헹구면서
'저녁에 들어오면서 치약을 사야지'라는 마음이 들면,
어쩌면 그게 여행인지 모른다.
맛있는 음식을 먹으며 한 사람을 생각하는 마음이 어쩌면 여행인지 모른다.
붉게 물든 서쪽 하늘로 날아가는 비행기를 오랫동안 바라보며
눈가가 촉촉해지는 것, 어쩌면 그게 여행인지 모른다.

만약 이 글을 읽고 동감한다면,
당신은 아주 오래전부터 여행을 하고 있는 중인지도 모른다.

초코우유

요 근래 이상하게 시원한 초코우유 생각이 간절했다.

간밤에는 초코우유가 그리워 잠까지 설쳤을 정도다. 난 위염 때문에 유제품은 거의 먹지 못했다. 게다가 초콜릿처럼 단 음식을 싫어했건만 초코우유가 당기기 시작한 다음부터는 그걸로 목욕이라도 하지 않으면 도저히 몸이 말을 듣지 않을 것 같았다.

차를 타고 가다가도 달착지근한 초코우유를 생각하면 입 안에 침이 잔뜩 고였고, 목이 말라 물을 마셔도 갈증이 해소되지 않았다.

증세가 심각했다. 그리고 마침내 눈에 띄는 국도변의 마켓을 찾았다.

큰마음 먹고 단 한 번도 내 돈으로 산 적 없는 천 밀리리터짜리 초코우유를 산 다음, 처녀의 맑은 피에 이성을 잃은 흡혈귀처럼 주차장에서 우유를 뜯어 벌컥벌컥 마셨다. 목을 타고 넘어가는 달콤한 초코우유 덕분에 그동안 가시지 않던 갈증이 완전히 해소되는 기분을 느꼈다.

얼마나 마셨을까?

갑자기 궁금해졌다. 그동안 싫어하던 게 이렇게 갑자기 죽을 것처럼 좋아지는 건 무슨 이유일까?

혹시 나도 모르는 사이에 초코우유 신이 강림한 건 아닐까?

얼마 후 난 위염이 급속도로 번지는 기분을 느꼈고 밤새도록 화장실을 들락거려야 했다. 역시 취향이란 하루아침에 그렇게 쉽게 변하는 게 아닐지 몰라도 나는 어딘가로 한 발짝씩 옮겨가고 있는 기분을 분명히 느꼈다.

그곳이 좋은 곳이었으면 했다.

spring
summer

봄 - 여름

지금 우리가 간절히 원하는 것은 친구가 되는 것

Sanfrancisco, California

여행에서 만난 사람들 대부분은 사는 환경도 다르고 나이도 저마다 달랐지만
그들도 나처럼 자기 인생에서 무엇인가를 끊임없이 찾고 있었다.
하지만 그들도 나도, 우리가 정확히 어디에 옷을 걸어야 할지,
무엇을 찾아 주머니에 넣어야 할지 여전히 알지 못했다.
다만 각자의 방법으로 그 답을 얻기 위해 방황하고 있었다.
차지는 그 대답을 얻기 위해 육년 동안 군대에 가 있었고
클레이는 십년 동안 직업을 수없이 바꿔가며 그 답을 찾고 있었다.
제시는 '지금 무슨 일을 하고 있냐'는 모르는 사람들의 질문을 싫어했고
모니카는 카페에서 팁 받는 일을 그만두고 뭔가 다른 일을 하겠다고 했다.
모두가 낯선 곳을 헤매며 결정적인 단서가 될 만한 뭔가를 찾고 있었지만
우리들 중 그 누구도 아직 그걸 찾은 사람은 없었다.

우리들 중 누군가는 언젠가 인생에서
자기가 원하는 답을 찾을 수 있을지도 모른다.
물론 더 많은 사람들이 끝까지 그 답을 찾지 못한 채로 죽겠지만.
만약 답을 찾지 못하더라도 그저 살아가는 동안
자신에게 충실하고 떳떳해도 나쁘지 않을 것 같다.

그래서 우린 친구가 되기로 한다.
도무지 알 수 없는 미래를 공유하고 있다는 점만으로도
우리가 친구가 된다는 게 이상하지 않을 것 같은데,
그러니 이제 우리 친구가 되는 건 어때?

Made in Korea

내가 너의 집에 잠시 머물게 된 뒤로
너의 생활에 많은 변화가 있었다고 넌 말했다.
밥과 김치를 먹고,
한국의 캔커피를 마시고,
포크 대신 젓가락을 사용하고,
쥐포에 맥주를 마시고,
내가 알려준 한국말을 하고,
그리고 한국 영화를 보고 한국 음악을 듣고.

이제까지 넌 한국이 그저 중국과 일본 사이에 있는
작은 나라인 줄만 알았다고 했다.
그래서 아시아 하면 일본과 중국만을 떠올렸다고 했다.
하지만 나를 만난 뒤로 한국이라는 나라를 알아가기 시작했고,
흥미가 생겼다고 했다.
너는 가끔 인터넷에서 한국에 대해 찾아보았고,
한국에 관한 새로운 뉴스를 보면 내게 알려주기도 했다.
그리고 언젠가 한국에 가서 내가 이야기한 남산의 야경을 보고 싶고,
홍대 거리를 걸어보고 싶다고도 했다.

그렇다. 꼭 월드컵 성적이나 유명한 축구선수, 야구선수가 아니더라도
우리는 누구나 한국을 대표할 수 있는 것이다.

묘지 걷기

이상한 분위기에 둘러싸여 있었다.

물론 땅 속에는 이제까지 내가 만난 적 없는 사람들의 뼛조각들이나 이미 흙으로 돌아간 육신들이 누워 있겠지만 별로 두렵거나 무섭지는 않았다.
난 그런 묘지 사이를 걷고 거기서 시간 보내는 걸 좋아했다.
그곳은 내가 사는 세상과 전혀 딴판으로 아주 고요하고 편안했다.
죽음은 그런 것이기 때문이리라.
그래서인지 그곳에선 불어오는 바람마저도 발소리를 죽일 정도로 평화로웠다.

묘지를 따라 걸으며 묘비명에 새겨진 내가 모르는 사람들의 이름과 그의 가족들이 남긴 글을 읽는 것도 좋았다.
이렇게 묘지에서 시간을 보내다 보면 그 순간만큼은 그들과 내가 오래전부터 알고 지낸 사이처럼 친근함이 느껴졌다. 그래서 난 새로운 도시에 도착할 때마다 박물관이나 미술관보다는 그 동네의 묘지를 찾아가는 걸 즐겼다.
내가 죽으면 누군가도 내 비석에 이런 문구를 새겨줄까?

— 당신이 흙이 되었으니 나는 이다음에 나무가 되리.

토머스의 차

Arizona

애리조나 어느 마을의 끝, 사막이 시작되는 경계에 있는 폐차장은 이름도 없었다. 사실 그곳은 폐차장이라기보다는 '차들의 무덤'이라고 부르는 게 더 정확할 것이다. 수백 대의 자동차들이 패잔병들처럼 일렬로 혹은 서로 포개져 죽어 있었다.

그곳은 마치 차가 생긴 직후부터 차들의 묘지로 쓰이고 있는 것처럼 보였다. 태양을 견디지 못한 듯 붉게 녹이 슬고 사막에서 불어오는 거친 모래바람 탓에 흙먼지를 뒤집어쓰고 있었다. 사람들은 더는 그곳을 찾아오지 않았다. 그곳에 있는 차들을 탔던 사람들 또한 이미 죽었거나, 아니면 아주 오래전 그 차들에 대한 기억을 지웠을 것이다.

과열된 차의 엔진을 식힐 겸 그곳에 혼자 어코드를 세우고 담배를 한 대 피우며 주변을 어슬렁거렸다. 앞이 완전히 뭉개진 채로 엔진과 각종 부품들이 밖으로 터져나와 있는 앰뷸런스도 있었고, 모든 유리창이 깨져 새들의 둥지가 된 노란 스쿨버스도 있었다. 그때 운전석 문이 떨어져나가 안이 훤히 들여다보이는 색이 바랜 파란색 차를 발견했다. 지금은 도로에서 전혀 찾아볼 수 없는 그런 종류의 차였다. 난 시트의 먼지를 털어내고 잠시 운전석에 앉아보았다. 차 안을 이리저리 살피다가 주행거리를 보았다. 삼십팔만 사천오백오십육 마일, 그러니까 육십만 킬로미터 이상을 달린 차였다. 이곳에 묻히기 전까지 이 차는 적어도 마흔 번 이상 미국을 횡단한 셈이었다. 그것을 보고 나니 지금은 엉망인 이 차가 왠지 품위 있는 골동품처럼 느껴졌다.

한참을 앉아 헐렁한 핸들을 이리저리 돌려보고 액셀 페달도 밟아보고 있는데 옆 좌석 밑에 슬쩍 삐져나온 게 보였다. 아주 오래된 종이를 들어보니 희미하게 이 차의 주인인 듯한 한 사람의 이름이 보였다.

토머스.

그때 갑자기 누군가의 목소리가 들렸다. 일방적인, 아주 묵직한 음성이었다. '넌 누군데 자고 있는 날 깨우는 거냐? 난 이미 사십년 넘게 길을 달리고 또

달렸다. 그리고 이십년 전 이곳에 버려졌다. 나의 주인 토머스도 아주 오래 전에 죽었다.'

뜨거운 사막 한가운데서 서늘한 바람이 느껴졌다.

'난 토머스의 첫 차였다. 토머스는 날 사기 위해 삼년 동안 매일매일 우물 파는 일을 했고 결국에는 날 샀지. 아직도 기억 나. 그가 날 처음으로 운전 하던 날이. 토머스는 가장 좋은 옷과 챙이 달린 모자로 멋을 내고는 시내로 날 데리고 갔어. 사람들에게 나를 자랑하느라 라디오를 크게 틀고 밤늦게까 지 날 운전했었지. 그때 모두들 우리를 부러운 눈으로 바라봤어. 이래봬도 난 그때 동네에서 가장 멋진 차였으니깐.

그는 매일매일 정성을 다해 나를 깨끗이 닦고 광도 냈지. 우리는 정말 오랜 시간을 같이했어. 토머스는 결혼해서 신혼여행으로 옐로스톤에 갈 때도 날 데려갔고, 그의 아기 조지가 태어날 때 병원에 같이 간 것도 나였지. 그리고 그 조지가 커서 큰 전쟁터로 가야 했을 때도 나는 토머스와 함께 조지를 기 차역까지 배웅했어.

토머스는 아들에게 전쟁이 끝나고 돌아오면 나를 그에게 주겠다고 약속했 지. 하지만 그의 아들은 정글 속에서 죽었어. 참 안타까운 일이었어. 조지의 전사 소식을 들은 날 밤 토머스는 나를 마을 끝까지 몰고 나가서 운전석에 앉아 소리 없이 울었어. 밤새도록……

토머스, 그는 정말 좋은 사람이었어. 하지만 우리의 시간은 너무 빨리 흘러 갔어. 세상이 너무 변했지. 토머스도 나도 나이가 들어 여기저기 탈이 나기 시작했어. 그리고 토머스가 더는 운전을 할 수 없을 정도로 늙었을 때, 난 이곳으로 오게 되었어. 아마 지금 토머스는 여기서 반마일 떨어진 곳에 있는 마을 묘지에 부인과 함께 묻혀 있을 거야. 물론 나도 죽은 거나 마찬가지지만. 하지만 난 토머스와 내가 함께 달렸던 그 길들과 그 길 위에 펼쳐졌던 풍경들과 이야기들을 지금도 생생히 기억해.

다시금 그 뭔가가, 그 누군가가 나를 조금만 움직여줬으면 좋겠다고 생각하지만 이젠 안 된다는 것도 알아. 하지만 난 됐어. 난 그의 마음을 받았거든.'

이런 소리가 들린 뒤에 그 차는 배터리가 완전히 나가 더는 아무 소리도 들리지 않는 라디오처럼 꺼져버렸다.

난 그대로 한참을 차에 앉아서 토머스가 이 차를 타고 도로를 달리던 시절을 상상하려 했지만 쉽지가 않았다. 그건 내게 너무 먼 이야기였다. 하지만 차가 나에게 이야기하려고 했던 건 '영원'에 대해서였을 거라고 믿고 싶었다.

난 차에서 내려 뿌옇게 모래먼지가 쌓인 차체에 묘비명을 쓰듯 손가락으로 이렇게 썼다.

— Don't wake up…… never.

나는 다시 차를 몰고 언젠가 토머스와 그의 차가 달렸을지도 모르는 동쪽으로 속도를 높였다.

그 차와 지금은 죽고 없는 토머스를 위해 할 수 있는 일은 그뿐이었다.

플래그스텝에 두고 온 것

Flagstaff, Arizona

미국 지도를 펴보면 왼쪽 가장자리에 캘리포니아가 있고, 거기서 다시 네 시 방향을 보면 애리조나가 있다. 그리고 애리조나 주 위쪽을 보면 그 유명한 그랜드캐니언이 보일 것이다. 이제 좀더 주의를 기울여서 그 밑으로 조금만 내려가면 플래그스텝(Flagstaff)이라는 도시가 있는 듯 없는 듯 나타날 것이다.

찾았는가? (못 찾았다면 어쩌면 당신이 먹다 흘린 과자 부스러기에 가려서 안 보일지도 모르니 지도를 깨끗이 털고 다시 찾아보자.)

그럼 이제부터 난 당신들이 플래그스텝을 찾았다 치고, 그곳에서 있었던 일을 이야기하려고 한다.

이 작디작은 도시가 그나마 사람들에게 알려진 건 하루에 동에서 서로 서에서 동으로 남에서 북으로 그리고 북에서 남으로, 미국 전역으로 짐을 부지런히 실어 나르는 아흔다섯 대의 열차가 잠시 쉬어가는 동네이기 때문이다.

(아흔다섯 대라는 숫자가 마음에 들지 않는다면 이 마을의 전성기였던 1960년대에는 하루에 백오십 대의 열차가 끊임없이 지나갔다는 정보에 유의하라.)

이 도시는 마을 중앙에 십자 모양으로 나 있는 열차 선로를 중심으로 만들어졌다. 그래서 하루에도 아흔다섯 번의 기적 소리가 들리고, 아흔다섯 번 도시가 열차 진동에 흔들리며, 그리고 아흔다섯 번 모든 교통이 멈추는 곳이다.

잊을 만하면 들리고, 잊을 만하면 들려오는 기적 소리와 진동에 건물이 흔들렸다. 그건 살아가는 데 꽤 심각한 문제일 텐데 이 마을 사람들은 그 누구도 그것에 대해 특별히 신경 쓰지 않는 것처럼 보였다. 그들은 자신들이 태어나기 전부터 정해진 운명처럼 그것을 당연하게 받아들였다. 아니면 신기하게도 소음을 전혀 느끼지 못하도록 귀가 진화했는지도 모를 일이다.

하지만 그곳에 잠시 머무는 사람들에게 기차의 소음과 진동은 꽤 복잡하고
굉장하고 거슬리고 고통스러운 것이다. 그래서 이 도시를 잠시 지나가는 여

행객들(대부분 여길 지나서 그랜드캐니언을 간다)에게 오렌지색 귀마개는
필수품이라고 했다. 웃기게도 오렌지색 귀마개는 그 도시에서 맥주 다음으
로 가장 많이 팔리는 히트 상품이 되었을 정도다.

난 이 도시에서 발이 묶여 일주일이나 머물렀다.

이 도시를 팔십 마일 앞둔 곳에서 내 차가 한마디 비명도 없이 쓰러져버렸다. 어쩔 수 없이 그나마 큰 정비소가 있는 도시로 차를 견인하다 보니 이곳까지 오게 된 것이다. 하지만 이곳에서도 내 차에 맞는 부품이 없어 그것을 주문하고 기다리는데 시간이 그만큼 걸렸다. 만약 그렇지 않았다면 난 아무미련 없이 이곳을 지나쳐 다른 곳으로 갔을 것이다. 하지만 내게는 선택의 여지가 없었다. 그저 부품이 얼른 도착해 차 수리를 끝내고 가능한 한 빨리 이곳을 벗어나는 수밖에 없었다. 하지만 그 '가능한 한 빨리'가 일주일이 돼버린 것이다.

하지만 이상한 일이 내게도 생겼다. 처음에는 시도 때도 없이 들리는 기적 소리와 진동에 골치가 아프고 턱까지 다 아팠다. 그런데 시간이 지날수록 기차 소리를 의식하지 못하거나, 그 진동마저 없으면 왠지 불안하기까지 했다.

자동차 수리를 기다리는 일주일 동안 내가 한 일이라곤 매일 늦잠을 자다 늦은 아침을 먹고 단 삼십분이면 도시를 모두 둘러볼 수 있는 거리를 걸으며 여기저기 참견한 일이 전부였다.

그 일을 반복하는 동안 알게 되었다. 이 도시는 기차가 지날 때를 빼고는 너무나 조용하다는 것과 낡고 초라해 보인다는 것. 마치 세상의 모든 시간이 이곳만은 비껴 흐르는 것 같았다. 그랬기에 나 역시 그곳에 멈춰 있어야 했다. 당연히 그곳에는 내가 아는 사람이 단 한 명도 없었고, 이야기를 나눌 상대도 없었으며 특별히 해야 할 일도 없었다. 난 그저 하루 종일 어항 안의 붕어처럼 숨만 쉬며 플래그스텝을 서성거려야 했다.

그러다가 한 주가 지나 차 수리를 끝내고 이 도시를 떠나야 했을 때 난 걱정했다. 그동안 무기력한 이 도시에 내 모든 '모드'를 맞춰버렸기 때문에 내가 과연 다시 길을 떠날 수 있을지, 과연 '작동'이 가능할지 의심스러울 정도였다. 하지만 이곳에 더 머물 이유는 그 어디에도 없었다. (물론 어디로 떠날 이유도 없긴 했지만.)

그래서 차가 다 고쳐진 날 오후, 아무에게도 작별인사를 하지 않고, 동쪽으로 도망치듯 무작정 길을 달리고 달리면서 다시는 이곳으로 돌아오지 않을 거라고 다짐했다.

만약 이 마을로 돌아오게 된다면, 다시는 다른 곳으로 떠나지 못하고 거기서 평생을 살아야만 할 것 같은 기분이 들어 두려웠던 것인지도 모른다.

이상하게 플래그스텝을 떠나고 나서도, 난 하루에도 몇 번씩 그 마을에서 들려오던 기적 소리와 진동을 생각했다. 잠을 잘 때도 생각했고, 샤워를 할 때도 생각했으며, 밥을 먹을 때도 생각했다. 운전을 하면서도 끊임없이 그곳이 치밀어 올랐다. 왠지 그곳에서 내 몸 안의 중요한 뭔가가 빠져나간 것처럼 느껴졌다. 그게 뭔지 정확히 설명할 수는 없지만 그곳에 뭔가를 두고 온 것만은 분명했다. 어쩌면 도망치듯 급하게 떠나오느라 내 마음을 그곳에 두고 온 건지도 모른다. 그래서 내 마음은 여전히 그곳에 머물면서 하루에 아흔다섯 번씩 울리는 기적 소리와 진동, 그리고 몽환적이기까지 한 그곳의 묘한 분위기를 즐기고 있을지도 모른다.

뭔가에 빠져드는 일, 그 일은 논리가 없다.

해석도 불가능하다. 마치 사랑처럼.

원 나잇 스탠드

Memphis, Tennessee

그녀와 나는 잠시 멤피스를 빌리기로 했다.

프랑스인인 그녀는 1년 간 캐나다로 파견 근무를 나왔다가 돌아가기 전에 혼자 미국 중동부를 여행하고 있는 배낭여행자였다. 너무 하얘서 쉽게 더럽혀질 것만 같은 피부에 파란 눈을 가진 그녀. 나중에 안 사실이지만 그녀는 다른 사람보다 두 배 정도 눈을 자주 깜박이는 버릇이 있었다. 하지만 내가 그녀를 만나기 전까지, 그녀는 그 사실을 모르고 있었을 뿐 아니라 아무도 그런 이야기를 해준 적이 없다고 했다.

우리는 뉴올리언스의 같은 호스텔에 묵고 있었다. 호스텔에서 제공하는 돌처럼 딱딱한 토스트를 혼자 먹으며 지도를 보고 있는데 그녀도 나처럼 아침을 먹고 있었다. 우린 딱딱한 토스트를 내려놓은 채 테이블을 사이에 두고 여행 이야기를 했다.

원래 그날, 그녀는 시카고로 가려 했고 난 멤피스로 가려 했다. 하지만 그녀가 늦잠을 자는 바람에 버스를 놓쳤고, 어쩔 수 없이 하룻밤을 더 머물러야 한다고 했다.

"그러지 말고 멤피스에 가면 시카고행 버스가 있지 않을까? 여기보다는 멤피스가 시카고에 더 가까우니깐."

나도 어차피 멤피스에 가는 길이니 같이 가자고 했다. 그래서 우리는 같이 멤피스까지 가기로 합의를 했다. 만난 지 몇 시간밖에 되지 않은 우리는 그렇게 동행이 되었다.

멤피스로 가는 내내 우린 말이 없었다.

틀어놓은 음악만이 조용히 차 안을 떠다녔고, 그녀는 창밖으로 스쳐 지나가는 풍경을 바라보며 계속 눈을 깜빡이고 있었다. 난 유난히 구불거리는 길과 작은 언덕길을 집중해서 운전하느라 그녀에게 말을 걸 수도 없었다. 그 조용한 분위기가 불편하지는 않았다. 그녀는 어땠는지 모르지만.

뉴올리언스에서 멤피스까지는 생각보다 멀었다. 우리가 멤피스 그레이하운드 터미널에 도착했을 때는 이미 해가 지고 난 뒤였고, 그녀가 타야 할 시카고행 버스는 사십분 전에 떠나고 없었다.

"미안. 생각보다 시간이 더 걸렸어. 지도에는 다섯 시간 거리라고 나와 있었는데……"

그녀는 파란 눈을 깜빡이며 말했다.

"네 잘못이 아냐. 먼저 버스 시간을 확인했어야 했는데. 그건 그렇고, 넌 이제 어떻게 할 거야?"

"우선 숙소를 구해서 쉰 다음 내일부터 돌아다녀볼까 하는데. 넌?"

그녀는 아무 생각도 나지 않는지 계속 눈만 깜빡이고 있었다.

"그럼 같이 머물래? 버스는 아침에 있으니깐 어차피 너도 여기서 하룻밤 자야 하잖아."

그녀와 내가 멤피스에 머물 수밖에 없는 이유는 그랬다.

우리는 멤피스 외곽에 있는 싸구려 모텔을 찾아갔다. 멕시코계나 흑인들이 장기간 머무는 곳이라는 느낌 때문에 숙소의 첫인상은 좋지 않았다. 모텔에 들어섰을 때에도 많은 사람들이 난간에 기대서서 우리가 들어가는 것을 무표정하게 지켜보고 있었다. 약간 무서웠다. 난 그녀를 안심시키려고 유치한 유머로 웃겨보았지만 그녀도 나도 불안하기는 마찬가지였다.

프런트에서 불친절하게 알려준 대로 방 안엔 작은 싱글 침대만 덩그마니 놓여 있었다. 이 모텔엔 그런 방뿐이라고 했다. 그녀와 난 잠깐 머뭇거렸지만 이미 늦은 시간이라 우리에게는 선택의 여지가 별로 없었다.

방에 들어서자마자 문을 걸어 잠그고 커튼을 친 다음, 밖에서 들려오는 소리를 의식하며 한동안 어색한 시간을 보냈다. 잘 모르는 여자와 모텔방에서 하룻밤을 보내야 한다는 게 어색하고 불편했다. 그래도 그 순간만큼 그녀는 날 믿을 수밖에 없었고 나 역시 그녀에게 의지해야 했다. 그 사실만큼은 명백했음에도 우린 서로 말이 없었다.

나는 어쩔 줄 모르며 풀 필요도 없는 짐을 풀고 다시 정리하면서 분주하게 뭔가를 했다. 이렇게 안절부절못하는 내 모습이 웃겼던지 그녀가 어색한 침묵을 깨기로 결심한 듯, 나이 차이가 나는 언니와 오빠 이야기를 했다. 그리고 앞으로 하고 싶은 일들에 대해서도 아주 늦게까지 이야기했다. 그러다 우리는 작은 싱글 침대에 누워 같이 잠들었다.

얼마나 잤을까.

내 옆에 누워 있던 그녀가 없다는 걸 알았다. 주위를 두리번거리니 그녀가 침대 옆 테이블 앞에 앉아 있었다.

잠이 덜 깬 목소리로 그녀에게 물었다.

"잠이 안 와?"

그녀는 까만 어둠 속에서 소리 없이 고개만 끄덕였다.

난 한참 동안 그녀를 바라만 보다가 몸을 일으킨 다음 침대에 걸터앉아 조심스럽게 물었다.

"손잡아도 될까?"

조금 망설이는 듯하던 그녀가 조용히 손을 내밀었다.

그녀의 온기가 내 손에 전해지는 걸 느끼며 나는 내 온기를 그녀에게 보냈다. 정말 오랜만에 느껴보는 다른 사람의 체온이었다. 너무 따뜻했고 부드러웠으므로 모든 불안감이 눈 녹듯 사라졌다.

우린 그렇게 오랫동안 손을 잡고 있다가 아주 오랜만에 깊은 잠에 빠졌다.

다음날 아침, 우리는 서로의 길을 떠나야 했다.

그녀가 버스를 기다리는 동안, 정류장에 있는 스낵바에 앉아 서로의 연락처를 주고받았다. 언젠가 다시 만나자며.

시간이 돼서 그녀가 시카고행 버스에 올랐다. 그녀는 자리에 앉아 창밖으로 슬픈 미소를 한번 지어보이고는 떠났다.

그녀가 떠나자 왠지 모를 허전함이 나를 덮쳤다. 순간 난 너무 외로웠고 어디에도 갈 기분이 아니었다.

아마 난 그녀에게 같이 어디든 가자고 말했어야 했는지도 모른다. 하지만 그건 뒤늦은 후회였다. 그녀는 이미 여기에 없었다. 한참을 정류장 벤치에 앉아 어디론가 떠나는 사람들과 어딘가에서 돌아오는 사람들을 바라보며, 시카고행 버스 안에서 그녀도 나와 같은 기분을 느끼고 있다면 이건 너무 잔인하고도 참혹한 이야기라고 생각했다.

나에게 남겨진 다섯 달 동안의 여정 앞에서 그녀는 리트머스 종이 같았다. 나는 그 남은 여정을 내가 해도 되는 일로 채울 것인가, 하면 안 되는 일로 채울 것인가를 두고 고민했는지도 모른다.

그렇게 그녀는 떠났다.

그래도 고민은 끝나지 않았다.

내 남은 여행길을, 해도 되는 일로 채울 것인가,

하면 안 되는 일로 채울 것인가.

울프 리버

Memphis, Tennessee

해가 지기 직전의 한적한 오후였고 강가에 인적은 찾아볼 수 없었다. 다만 강 옆으로 난 도로를 따라 몇 대의 차들이 드문드문 지나가고 있을 뿐이었다.

수영복을 가져오지 않은 탓에 난 차에서 젖어도 되는 옷으로 대충 갈아입고 조용히 물가로 걸어 들어갔다. 수영하기에는 아직 이른 계절이었지만 생각보다 그리 차갑지 않은 물이 천천히 미시시피 강으로, 아주 천천히 흐르고 있었다.

옷이 물에 젖어 무거워질수록 내 몸은 물속에서 가벼워졌다. 난 천천히 물속에 몸을 눕히고 하늘을 올려다보았다. 거기엔 막 지려는 해가 떠 있었고, 강을 둘러싸고 있는 울창한 나뭇가지들이 미시시피 강 쪽으로 휘날리는 게 보였다. 간혹 새들이 내 머리 위를 소리 없이 날아 강 건너편으로 날아가기도 했다. 눈을 감고 내 몸을 순하게 물의 흐름에 맡기자, 물고기들도 나를 의식하지 않는다는 듯 대담하게 내 몸을 스쳐 지나가는 것이 느껴졌다.

그건 참 부드러운 움직임이었다.

어느새 내 몸이 물과 하나가 된 걸 느꼈다. 중력 따위는 존재하지 않는 곳에서, 하늘은 땅이 되고 내가 누워 있는 강은 하늘이 된 것만 같았다. 모든 게 나를 중심으로 뒤바뀌었고, 그 순간 내 몸이 날고 있는 것만 같았다.

얼마나 누워 있었을까?

그때도 시간은 여전히 흐르고 있었을까?

그때 누군가 내게 소리쳤다. 난 못 들은 척 계속 물속에 누워 있었다.

그가 다시 소리쳤다.

"너 거기서 뭐해?"

난 그제야 중심이 흐트러진 몸을 일으켜 소리 나는 쪽을 쳐다보았다.

강가로 산책 나온 노부부였다. 그들이 강어귀에 서서 나를 걱정스럽게 바라
보고 있었다. 난 피식 웃어 보이면서 조용히 물살을 가르며 그들에게 걸어
갔다. 그들은 다시 한번 걱정스러운 표정으로 내게 물었다.

"너 괜찮아?"

나쁜 짓을 하다가 들킨 아이처럼 난 어색하게 웃어 보이며 말했다.

"네, 난 괜찮아요."

젖은 옷이 내 몸에 생선 비늘처럼 달라붙어 있었다. 노부부는 여전히 의심
스러운 눈으로 나를 바라보고 있었다. 난 그들을 안심시키려고 말했다.

"그저 수영이 하고 싶었어요."

그들은 수영하기에는 이른 계절이라며 감기에 걸릴지도 모른다고 했다. 난
그들을 다시 한번 안심시키고 차에 가서 수건으로 몸을 닦았다. 그들이 데
려온 강아지가 내 주변을 맴돌았다. 노부부는 보온병에 든 커피를 내게 따
라주며, 여름이면 이 강은 수영하는 사람들로 붐비지만 보통 이 시기에는
수영을 하지 않는다고 했다.

그리고 가끔 물살이 빨라지기도 하기 때문에 조심해야 한다고 충고했다.

"그렇다는 이야기, 저도 들었어요. 몇 해 전 제 친구가 이 강에서 죽었거든
요. 술을 먹고 수영한 게 잘못이었죠. 참 바보 같은 일이죠?"

내 말을 듣고 난 그들이 위로의 말을 건넸다.

난 차 뒤로 가서 옷을 갈아입으며 그들에게 말했다.

"그렇지만 참 아름다운 강이에요. 다음엔 여름에 와서 수영할게요. 걱정해
줘서 고마워요. 그리고 커피도 고맙고요."

그들이 떠난 뒤 너무나도 조용한 강을 한참 동안 바라보았다.

어쩌면 다시는 여기에 올 일이 없을지도 모르므로 나는 나지막이 친구에게 말을 걸었다.

"너, 그거 아니? 난 니가, 뭔가 다른 아이라는 걸 알고 난 뒤 그때부터 널 좋아하기 시작했다는 걸."

이미 해는 강 너머로 지기 시작했다. 가끔 주변을 날던 새들도 더는 보이지 않았다.

분명 너도 여기에 서서 나처럼 이 풍경을 보았겠지. 그리고 너는 그 아름다움의 유혹을 이기지 못하고 물에 들어갔을 것이다. 그게 너의 마지막인지도 모른 채……

그래, 솔직히 너와 난 친구도 뭣도 아니다. 난 다만 너의 음악을 늘어왔을 뿐이다. 너와 이야기를 해본 적도 없고 널 실제로 본 적도 없다. 그리고 넌 나의 존재조차 모른다.

하지만 이제 너와 나, 친구가 되기로 하자.

왜냐하면 너와 난 같은 곳에 서서 같은 풍경을 봤으니까.

Jeff Buckley (1966-1997)
그는 술을 마시고 이곳 울프 리버에서 헤엄치다가 실종되었다.
그의 시체는 사흘 뒤, 낚시하는 사람에 의해 강 하류에서 발견되었다.
당시 그는 거우 두어 장의 정규 앨범을 발표했을 뿐이었다.
서른 살, 죽기에는 너무 젊었고 그의 재능은 여전히 충만했었다.

너도 떠나보면 나를 알게 될 거야

나랑 많이 다른 너.

가끔은 많이 비슷한 것 같다가도 냉정하게 생각해보면 극과 극이었지.

하지만 그쯤은 아무 일도 아닐 거야.

조금 따뜻한 너와 조금 냉정한 내가 만나봤자

미지근해지는 일밖엔 없을 테니까.

기억나?

내 차에 처음 탄 너에게 "우리 어디 갈까?"라고 말했을 때 "아무데나"라고 말했던 너를 데리고 허름한 만두집에 간 거.

만두를 다 먹고 나서도 너에게 "우리 어디 갈까?"라고 물었을 때

네가 다시 "아무데나"라고 대답하면 난 서해에 있는 섬에나 갈까 했는데 되돌아온 너의 말.

"집에 갈래."

네가 그럴 때마다 네 몸에 채워진 건 피가 아니라 냉수일 거라고 생각했어. 그것도 북극에서 공수한 차가운 물. 그런 너에게 전부를 걸 사람은 아무도 없어. 그런 너를 좀더 기다려줄 사람도, 따뜻하게 안아줄 사람도 세상엔 없어.

내가 너에게 했던 말, 기억하니?

"네가 알고 있는 모든 것들이 거짓말이라는 걸 알려줄게."

난 그렇게 너의 습관을, 너의 생각을 표백시키고 내 걸로 물들이려 했지.

하지만 너는 대단한 중화제를 가지고 있었어. 나 정도로는 도무지 물들여지지 않고 끄떡도 없는 너는 나를 실험하러 나타난 사이보그 같았거든.

괜찮아. 네 집 앞에서 두 시간을 떨면서, 한 번도 나에게로 오지도 않아서 한 번도 나에게서 떠난 적도 없는 너를 향해 '돌아올 거야, 너는 다시 돌아올 거야'라고 중얼거리면서도 난 동시에 '네가 돌아오지 않으면 내가 떠나버릴 테다'라고 마음먹었으니 그것만으로도 충분해.

넌 계속 태평양 해라. 난 네 옆에 가면 안 되는 대서양 할 테니까.

넌 너대로도 괜찮으니까 그대로 절대 변하지 마라.

네 생각에 문득 잠에서 깨는 날도, 비누거품을 듬뿍 내어 목욕을 하다가 네 생각에 간지럽다고 느끼며 쓸쓸해지는 날도 안녕.

내가 너에게 준 나무목걸이에서 싹이 나면 알게 되겠지.

내가 너를 많이 좋아했다는 걸.

그리고 기억이 많은 사람은 혼자 오래 먼 길에서 돌아가지 않을 수도 있다는 걸. 세상에서 누군가를 좋아하는 마음만 있으면 조금은 초라해도 아무 상관없다는 걸.

너도 떠나보면 나를 알게 될 거야.

"걱정 말아요. 누구든 우리 집에 머무는 사람은 배고픔으로 하루를 시작하지 않아요."

아침 식사에 대해 묻자 그녀는 내가 묵을 방을 보여주면서 이렇게 말했다. 혹시 배가 고프면 언제라도, 냉장고나 부엌에 있는 음식들을 마음대로 꺼내 먹어도 된다고 했다. 여행을 하는 사람에게 그 말이 얼마나 따뜻하고 든든하게 들리는지 모른다.

유타 주 솔트레이크시티의 UTA 호스텔은 여느 호스텔과는 달랐다. 호스텔이라기보다는 집 같은 곳이었다. 방이 겨우 세 개였고 도시에서 한참 떨어진 아주 한적한 주택가에 있었다. 그리고 일하는 사람도 그녀 혼자뿐이었다.

옐로스톤 국립공원을 가는 길에 날이 저물어 그곳에서 하루를 머물 계획이었다. 하지만 도착한 바로 다음날부터 몸이 아프기 시작해 아무데도 가지 못하고 그곳에 며칠 더 머물 수밖에 없었다. 머리는 애리조나 사막에 설치된 풍력 발전기의 하얀 날개처럼 사방에서 팽팽 돌았고, 급회전 구간이 적어도 천사백아흔한 개는 되는 롤러코스터를 탄 것처럼 뱃속이 울렁거렸다. 아플 때는 얼마나 정신을 못 차리는지 누구나 잘 안다. 몸에서 열이 펄펄 나 전신이 땀으로 축축해지는데 입 안은 사막처럼 터무니없이 메말라버린다. 꿈도 아니고 현실도 아닌 일들이 반죽되어 머릿속에서 흉악하게 구워져 정신을 차리기가 쉽지 않다.

그렇게 아파도 보험이 없어 쉽게 병원에 갈 수 있는 처지도 아니었기 때문에 처량하게 호스텔 침대에 누워 끙끙 앓고만 있었다. 오직 침대만이 적의 공습을 피할 수 있는 다리 밑 같았다.

그때 그녀가 엄마처럼 천사처럼 나를 돌봐주었다. 얼음주머니를 머리에 올려 열을 식혀주고 끼니때마다 음식을 만들어 가져다주었으며 매시간 나의 상태를 확인했다. 그녀 덕분에 난 그렇게 꼬박 사흘 동안 치열하게 아픈 뒤에 자리에서 일어날 수 있었다. 그녀의 배려가 고마워 가능하면 일찍 이곳을 떠나리라 마음먹었지만 그녀는 내가 걱정이 되는지 좀더 쉬었다 가라고 했다.

그녀는 내게 말했다.

"너무 부담스러워하지 마요. 난 당신을 도울 수 있어서 좋으니까."

그녀는 창가로 눈을 돌리며 말을 이었다.

"당신 어머니는 몇 살이죠? 난 지금 쉰셋이에요. 어쩌면 당신 어머니와 나이가 비슷할지도 모르겠네요. 나도 젊었을 때는 유럽, 동남아, 인도…… 혼자서 수없이 많은 나라를 여행했어요. 그때는 세상에 여행만큼 매력적인 일이 없었거든요. 남자보다도 더 그랬죠. 지금도 그 시간들을 후회하지 않아요. 비록 돈을 많이 벌지도 못하고 결혼도 못했지만 그보다 더 소중한 추억을 가졌으니까요. 그리고 나도 알아요. 장기 여행이라는 게 얼마나 고달픈지. 수중에 지닌 돈이 뻔해 항상 아껴야 하고 몸이 아프면 얼마나 처량한지도. 그러니 너무 부담스러워하지 말아요."

따뜻한 그녀의 말에 나도 모르게 출렁했다.

"당신이 처음 이 집에 왔을 때, 내가 한 말 기억나요? 누구든 우리 집에 머무는 사람은 배고픔으로 하루를 시작하지 않는다는 말. 내가 여행을 다닐 땐 항상 배가 고팠고, 언제나 싼 음식들로 배를 채우거나 아예 끼니를 건너뛰곤 했어요. 배고픈 게 그렇게 귀찮은 일인지 그때 처음 알았죠. 돈이 없어서라기보다 그 돈을 아껴서 더 멀리 가고 싶었거든요. 아마 당신도 그럴 거라고 생각해요. 그래서 생각했어요. 나중에 내가 이런 숙소를 열면 그런 여행자들에게 할 수 있는 만큼 음식을 나눠주자고. 비싼 음식은 아니더라도 말이예요. 그래서 우리 집에는 언제나 음식들이 있어요."

그녀의 말을 듣고 나니 그곳이 더 안락하게 느껴졌다.

나는 옐로스톤 국립공원으로 가는 계획을 미뤘다. 지금 당장은 그녀의 말대로 쉬는 것이 더 급한 일이었으므로.

기운을 되찾고 나서는 그녀를 도와 호스텔의 뒤뜰을 치우고 작은 정원 만드는 일을 도우고 거실 어항도 청소했다. 그렇게 시간을 보내고 다시 여행을 떠나기 전날 밤, 우린 저녁을 만들어 먹고 우리가 만든 작은 정원에 앉아 이야기를 나눴다.

"벌써 여기서 오 일을 머물렀네요. 여행 계획은 조금 달라졌지만 뭐 상관없어요. 그리고 나 이번에 새로운 걸 알게 됐어요."

그녀가 그게 뭐냐고 눈으로 물었다.

"이제까지는 새로운 무엇인가를 보고 느끼는 것이 여행이라고만 생각했는데 그것 말고도 당신 같은 사람을 만나서 이야기할 수 있는 것도 여행인 것 같아요."

그녀가 말했다.

"맞아요. 새로운 풍경이나 새로운 경험, 그리고 새로운 사람들…… 바로 이런 게 사람들을 떠나게 만들죠. 난 그걸 깨닫기까지 삼십년이 걸렸는데 생선은 빨리 알아차렸네요."

떠나는 날 아침, 나는 당연하게도 그녀에게 방값 이상의 돈을 주려 했다. 하지만 그녀는 한사코 그 돈을 다 받지 않겠다고 했다.

"지금 내가 할 수 있는 게 이것 말고는 없으니까 제발 받아주세요. 당신 말처럼 나 같은 여행자들을 위해 음식을 사면 되잖아요."

하지만 그녀는 한사코 내가 내민 절반가량의 돈을 내 배낭 주머니에 찔러넣었다.

"정크 푸드 같은 거 사 먹지 말고 그 돈으로 제대로 된 음식을 사 먹어요. 그리고 여행을 위해서라도 다시는 아프지 말아요."

그렇게 말하고 그녀는 나를 꼭 껴안아주었다.

유타 주 솔트레이크시티에서 보낸 오 일. 그동안 그 유명한 옐로스톤 국립공원이나 도시 주변을 둘러보지는 못했다. 하지만 아쉽지 않았다. 꼭 새로운 곳을 찾아다니는 것만이 여행의 전부는 아니니까.

하지만 난 이곳을 아주 오랫동안 기억하겠다. 왜냐하면 이 도시에는 엄마 같은 그녀, 페디와 그녀의 작은 정원이 딸린 호스텔이 있으니까.

그리고 언젠가 옐로스톤 국립공원을 가게 되거나 그곳에서 돌아오는 날, 그곳을 찾아 그녀와 호스텔의 안부를 묻게 될 테니까.

심술쟁이

혼자서 긴 여행을 하다 보니 화낼 상대도 없고 짜증낼 대상도 없었다.
하루 이틀은 괜찮았다. 뭐 일주일이나 이주일 정도도 견딜 만했다. 하지만
한두 달이 넘어서자 더는 참기 힘든 지경에 이르러 눈에 보이는 모든 것이
짜증스럽고 괜히 심통이 났다.
날이 갈수록 나는 심술쟁이가 되어갔다. 증세는 더욱 심해져 이런 증상이
머릿속을 괴롭혔다.

첫째, 나를 추월하는 차들을 보며 펑크나 났으면 좋겠다고 생각한다.

둘째, 끼리끼리 여행하는 사람들을 보며 '바보들, 너희는 적어도 오늘 밤 안에 헤어질 거다'라고 속으로 욕한다.

셋째, 나를 알지도 못하는 사람이 내게 미소를 지으면 왜 웃느냐며 따지고 싶다.

넷째, 내게 아무 이유 없이 친절을 베푸는 사람을 의심한다.

그래도 기분이 나아지지 않으면 처방은 단 하나뿐.

담배를 한 대 물고 내가 달리는 길 밖을 향해 마음껏 소리를 지르는 것이다.

엔진이 터질 것 같은 진동이 느껴질 때까지 제한속도를 무시하고 달리며 퀸 오브 더 스톤 에이지(Queen of the Stone Age)나 툴(Tool)의 노래 같은 분노의 음악들을 고막이 터져라 들었다. 아니면 아무도 없는 허공을 향해 클랙슨을 울리거나 보이지도 않는 적을 만들어 그들의 이마를 향해 하이빔을 마구 쏘기도 했다. 그래도 심통이 가시지 않을 때는 도로 옆에 일렬로 세워진 고깔 모양의 임시 형광 가드레일을 차례로 들이받으면 기분이 한결 나아졌다.

이렇게 한바탕 광란의 질주를 하고 나면 가뜩이나 한적한 도로에서 만난 차들이 나를 슬금슬금 피해갔다. 아마 그들은 나를 미친놈으로 생각했을 것이다.

아무렴! 미치지 않고서야 어떻게 여길 왔겠어!

이렇게라도 하지 않으면 정말 답답해서 죽을 것만 같은데.

뭐, 저 위에 있는 누군가도 이런 날 이해해주시겠지.

햄버거, 햄버거

며칠 머물렀던 집의 주인인 미국인 친구가 일을 마치고 돌아오는 길에 캘리
포니아의 명물이라는 어느 체인점의 햄버거를 사왔다. 나는 그 햄버거의 명
성을 익히 들어 잘 알고 있었다. 햄버거를 좋아하지 않는 사람도 맛있게 먹
을 수 있는, 주문하면 신선한 재료로 즉석에서 만들어주는 햄버거.

그의 말처럼 그가 사온 햄버거는 다른 프랜차이즈 패스트푸드점의 햄버거
와 달리 제법 격을 갖춘 음식 같았다. 둘이 앉아서 햄버거를 먹는데 친구가
물었다.

"한국 사람들도 햄버거 먹지?"

나는 그 말의 의미가 한국 사람들을 촌사람이나 미개인 취급을 하는 건지,
아니면 우리들 역시 그들 문화에 중독되었을 거라는 확신에 찬 질문인지 궁
금해 일단 그 친구를 놀려주기로 했다.

"초등학교 6학년 때였어. 물론 그전에도 햄버거라는 음식이 세상에 존재한
다는 건 TV 주말 영화를 통해 익히 알고 있었지만 햄버거가 어떤 맛인지,
무엇으로 만드는 건지 그땐 몰랐어.

어느 날 우리 동네 전봇대에 광고지가 붙었어. 맥도날드가 우리 동네에 매장을 연다는 광고였지. 그건 나와 내 친구들에게 큰 뉴스였고 대단한 이벤트였어.

우리는 모두 며칠 동안 가슴 설레며 맥도날드가 문을 여는 날만 기다렸어. 그리고 마침내 맥도날드가 문을 열던 날, 우리는 학교가 끝나자마자 그곳으로 달려갔어. 오색 풍선으로 화려하게 장식한 맥도날드 매장 앞에 이미 많은 사람들이 서 있더군. 그 앞에 맥도날드 심벌이랑 캐릭터 인형이 서 있었는데, 넌 못 믿겠지만 사람들이 그 앞에서 사진을 찍기도 했어."

친구는 역시 믿을 수 없다는 표정으로 말했다.

"정말? 그 이상한 광대 인형 앞에서 사진을 찍었단 말이지? 이거 완전 50년대 영화 스토리 같은데?"

"진짜라니깐! 지금이라면 나도 이해 못하겠지만 그때는 다 그랬어. 아무튼 화려하고 세련된 분위기에 나와 친구들은 넋이 나갔어. 그전까지 우리는 그런 가게를 본 적이 없었거든. 물론 우리는 돈이 없어서 가게 안에는 들어가지 못하고 그 주변만 얼쩡거리며 가게를 드나드는 사람들을 부러운 눈길로 구경만 했어.

나중에 집에 가서 엄마한테 그 가게에 대해 이야기하면서 제일 궁금한 것 한 가지를 물었어. 엄마도 햄버거를 먹어본 적 있냐는 질문이었어. 그런데 나는 충격적인 대답을 들었어. 엄마는 햄버거를 먹어본 적이 있다는 거야. 내 마음을 읽은 엄마는 다음에 햄버거를 직접 만들어주겠다고 약속하셨어. 그리고 며칠 뒤 학교에서 돌아온 내게 엄마가 정말 햄버거를 만들어주셨어. 나한테도 기적이 일어난 거지.

하지만 지금 생각해보면 그건 햄버거가 아니었어.

그저 토스트 빵에 고기완자와 상추 그리고 케첩이 뿌려져 있을 뿐이었거든.
그때까지 햄버거를 먹어본 적이 없던 나는 그게 진짜 햄버거인 줄 알고 무
려 다섯 개나 맛있게 먹어치웠지."

친구는 벌써 먹어치운 햄버거 포장지를 한손에 구겨쥔 채 조용히 내 말을
듣고 있었다.

"그리고 얼마 뒤 내가 초등학교를 졸업하던 날, 난 드디어 진짜 햄버거를 먹
게 되었어. 졸업식이 끝나자 엄마가 누나들을 집에 남겨둔 채 나만 데리고
맥도날드에 가서 햄버거를 사주셨어. 그리고 어디서 얻었는지 콜라 한 잔을
공짜로 마실 수 있는 파랑색 쿠폰을 지갑에서 꺼내 햄버거 한 개와 무료 콜
라를 빨간 쟁반에 담아서 내게 내미셨지.

빨간 종이 상자에 포장되어 나온 둥근 햄버거와 역시 빨간 종이컵에 얼음이
둥둥 떠 있는 콜라는 어떻게 건드릴 엄두가 나지 않을 정도로 근사했어. 어

머니는 내가 먹는 걸 바라보며 맛있냐고 물으셨지. 난 입 안에 햄버거를 한 입 가득 물고 고개를 끄덕이며 만족스런 웃음을 지어 보였어. 이날이 내가 태어나서 햄버거를 처음 먹어본 날이야. 그런데 이게 이십년도 안 된 이야 기야."

친구는 내 말을 듣고 웃으면서 말했다.
"그래 오리지널 햄버거를 먹어보니 어땠어?"
그를 놀려주기로 한 결정적인 부분이 아직 시작되지도 않았기에 나는 그의 말을 막고 얘기를 계속 이어갔다.
"문제는 그날 저녁이었어. 내 몸에 이상이 나타나기 시작하는 거야. 빨갛게 뭔가가 나기 시작하면서 몸이 부어올랐지. 그 때문에 햄버거를 먹었다는 사 실이 누나들한테 탄로 났고, 난 병원에 가야 하나 말아야 하나 결정을 내려 야만 했지. 근데 그날 엄마가 저녁으로 김칫국을 끓였어. 내가 저번에 이야 기했지? 김치. 그걸로 스프를 만드는 거야. 그날 갑자기 익숙한 그 냄새가 그렇게 좋을 수가 없었어. 그래서 그걸 먹고 싶다고 했지. 엄마는 의아해하 면서 나에게 김칫국을 주었어. 그런데 기적처럼 그걸 먹고 모든 게 나아진 거야. 이상하지?"
친구가 물었다.
"그럼 그 햄버거가 위생적으로 잘못됐다는 거야?"
워낙 소송 걸기를 좋아하는 미국인인 그가 나에게 왜 소송을 걸지 않았느냐 고 물어올 것만 같았다.
"바보야. 햄버거가 몸에 안 좋은 건 너도 알잖아. 내 몸이 그걸 확인시켜준 거지. 그래서 우리 식구 모두는 그때부터 햄버거 불매운동을 벌이게 됐어."

사실 이 이야기는 거짓말이다. 졸업식 날 누나 몰래 햄버거를 먹었다는 사실 이후의 이야기들 말이다. 두 살 때부터 햄버거를 먹고 자랐을 그에게, 지구 어디에도 햄버거 가게가 있을 거라고 굳게 믿는 그에게, 귀여운 장난을 치고 싶었다. 사실 어딜 가나 햄버거 가게가 넘쳐나는 건 좀 밉다. 물론 난 햄버거를 즐기는 편은 아니지만 아무리 나와 상관없는 거라도 좀 심한 건 괴롭다. 친구가 지금 먹은 햄버거는 괜찮으냐고 물었다.

나는 햄버거 한쪽을 입 안에 다 털어넣고는 말했다.

"아니, 이거 다 먹고 한국 슈퍼마켓에 가서 김치를 사자!"

김치가 햄버거의 독성을 물리쳐준다고 해서 그 녀석에게 김치를 먹이는 작전이 성공할 수 있었다. 그뿐 아니라 냄새 나는 김치를 그 녀석 집에 들여놓고 공식적으로 먹을 수 있게 되었다.

애초 계획은 미국인에게는 전부이다시피 한 햄버거쯤이야 나에겐 아무것도 아니라고 말하면서 그 친구를 놀려주려던 것이었지만, 결국 나는 간절한 것을 손에 넣고야 말았다.

내 속에 숨기고 있었던 은밀하면서도 어쩔 수 없는 그 자극 덩어리, 김치라는 이름의 본성.

아들아! 정말 반갑다.

이 엄마는 너와 내가 다시 소식을 주고받는다는 걸 생각하면 꿈만 같아서 실감이 나지 않는다.

(엄마, 저도 그래요.)

엄마가 아픈 걸 알리고 싶지 않아 너에게 연락하지 못하게 했는데, 세상에 비밀은 없다는 말이 사실인지 네가 어떻게 알고 마음고생이 많았겠구나. 네가 알면 여행도 제대로 못하고 그냥 와버릴 것 같아서 알리지 말라고 했다. 그러니 너무 섭섭하게 생각하지 마라. 정말 미안하다.

(흑. 엄마, 그래도 그러시는 게 아니죠. 엄마가 무슨 부상을 숨긴 이순신 장군도 아니면서.)

수술은 잘 끝났고, 앞으로 몇 달 더 치료를 받으면 예전처럼 건강해질 거라고 의사 선생님께서 말씀하셨다. 그러니 엄마 걱정은 말고 무사히 여행을 끝마쳤으면 좋겠다.

(제가 갈까요? 저도 이제 지쳤거든요.)

엄마는 이번 기회에 가족이란 게 이렇게 큰 힘이 된다는 걸 다시 한번 느꼈다. 엄마 옆에 있지 못해 괴롭겠지만 대신 네 누나들이 멀리서 엄마를 응원하기 위해 와 있으니 걱정 마라. 그런데 누나들이 와서 좋긴 하다만 한편으로는 엄마의 나약한 모습을 보여줘서 누나들에게 미안하구나. 그래도 누나들의 간호를 받으니 좋긴 좋구나.

(더 부려먹으세요!)

그래 여행은 잘 하고 있니?

(네. 아주 잘 하고 있어요. 너무너무 잘……)

네가 뭘 보려고 그렇게 힘든 여행을 하는지 엄마는 백 퍼센트 몰라도 난 널 믿고 응원할 수 있다. 다만 큰 힘이 못 돼줘서 정말 미안하구나. 엄마가 능력이 있다면 네가 좀더 편하게 여행할 텐데 엄마 능력이 이것뿐이라 네가 고생을 하는구나. 하지만 지금 이 시간이 너에게는 아주 소중한 시간이고 다시는 돌아올 수 없는 시간이 아니겠니?

아무리 힘들고 외롭고 고통이 따르더라도 끝까지 잘 참고, 약한 소리 하지 말고 마무리 잘 하고 돌아오길 엄마는 바란다. 그렇게 할 수 있지?

(근데 너무 외롭네요. 참을 수 없을 정도로.)

네가 돌아올 때까지 엄마는 병원 열심히 다니고 운동도 열심히 해서 건강한 모습으로 널 반길게. 그러니 엄마 걱정은 조금도 하지 말고 네 모든 것만 생각하면서 하루하루를 지내길 바란다.

(엄마, 전 원래 저만 생각하는 놈이잖아요. 흑.)

너 바쁜데 엄마가 너무 길게 메일을 썼구나. 쏘리다.

그럼 또 메일 보낼게.

빠빠이.

(엄마도 빠빠이.)

다시 서부로 돌아가는 길에 엄마가 아파서 수술을 했다는 소식을 전해 들었다. 너무 갑작스러운 소식이라 나는 속수무책 허물어지고야 말았다. 모든 게 간밤에 꾼 나쁜 꿈일 뿐이라고 생각했지만 그건 잔인한 현실이었다. 순간 '내가 여기 왜 있나?' 하는 생각이 들어 모든 걸 다 때려치우고 그냥 집으로 돌아가려 했다.

하지만 엄마는 내게 전화를 해서 계획했던 대로 여행을 마저 끝내고 집에 돌아오길 바랐다. 난 엄마에게 무슨 대단한 여행을 하는 것도 아니니 그냥 돌아가겠다고 했다. 그러자 엄마는 죽을 병 걸린 것도 아닌데 왜 그러냐며 오히려 화를 냈다.

엄마 말처럼 나는 돌아가지 않고 여행을 계속했지만 무엇을 봐도 마음은 간절히 엄마를 원하고 있었다.

순간, 내가 지금까지 수만 장의 사진을 찍어왔지만 엄마 사진은 단 한 장도 찍어본 적이 없다는 사실을 알게 되었다. 그런 내 자신이 너무 밉고 증오스러웠다.

그렇다.
세상 모든 어머니가 낳은 자식들은 자라면서 어떤 식으로든 바보가 된다.

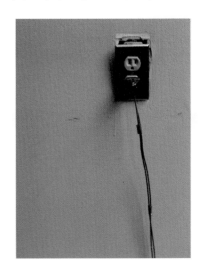

같은 숙소에 묵다가 우연히 버팔로까지 동승하게 된 폴은 운전하는 내게 말했다. 무슨 이야기를 하다가 내 말이 전달되지 않았다는 사실을 알고 내가 미안해하자 위로를 하려는 것 같았다.

"네 영어는 솔직히 문법도 틀리고 발음도 이상해. 하지만 네 영어에 조금만 익숙해지면 네가 무슨 말을 하는지 모두 이해할 수 있어. 가끔 네가 사용하는 문장들이 마치 노랫말이나 시처럼 들리기도 하니깐. 그런데 넌 어디서 영어를 배웠어?"

난 더듬거리며 말했다.

"내가 영어를 진지하게 배운 건 워킹 홀리데이 비자로 호주에서 일년 동안 머물면서 일하던 호텔 주방에서야. 물론 그전에는 한국에 있는 학교에서도 배웠지. 하지만 공부를 열심히 하지 않아서 호주에 처음 도착했을 때 난 한마디도 할 수 없었어. 그래서 지하철을 타거나 음식을 주문할 때도 꽤나 고생했지. 점심을 사 먹어야 할 때도 영어로 주문을 할 수 없어서 햄버거만 먹어야 했어. 햄버거를 주문할 땐 특별한 영어로 말하지 않아도 됐거든. 그래서 거의 한 달간 햄버거만 먹었지.

그랬더니 다른 음식이 먹고 싶어서 정말 견딜 수가 없더라. 그래서 하루는 사람들이 어떻게 주문하는지 옆에서 가만히 들으며 기억했다가 그 말들을 모두 노트에 적었어. 물론 그들에게 도움을 받기도 했구. 그리고 집에 돌아와서 혼자서 그걸 연습했어. 그리고 며칠 뒤 식당에 가서 내가 외운 영어로 한 달 만에 다른 음식을 주문할 수 있었지. 그때 난 너무 기뻤고 호주에서 살려면 영어가 얼마나 절실한지 느꼈어.

그 다음부터 사람들이 말하는 걸 옆에서 듣고 메모하거나, 내가 좋아하는 노랫말이나 책을 읽으면서 거기에 나오는 문장들을 외워서 사용하기 시작했지. 그래서 내 영어가 그런 거야."

오디오 볼륨을 조금 높이면서 생각했다. 난 내가 말을 못하는 걸 원하지 않는다. 하고 싶은 것도 제대로 못하고 먹고 싶은 것도 못 먹으니까.

마음에 드는 사람을 만났는데 그에게 어떤 말도 건네지 못한다는 건 정말 끔찍한 일이다. 그리고 약간 모자란 사람 취급을 받는 것도.

말로 하는 의사소통이 얼마나 중요한 것인지 난 영어를 할 줄 알게 되면서 절실히 느꼈다. 하지만 또 알게 되었다. 말보다 중요한 건 상대방에 대한 이해란 걸. 내 영어가 이상해도 폴이 결국 내가 무슨 말을 하는지 이해한다는 것처럼, 그가 날 이해하려는 마음이 없었다면 우리 두 사람은 소통이 거의 불가능했을 것이다.

"어떤 책에서 영어 문장을 배웠어?"

"여러 책들. 무라카미 하루키의 소설 영문판. 1950~60년대 미국 작가들의 책."

폴은 소리 내어 웃고는 내게 말했다.

"그래서 네가 가끔 아주 오래된 말을 하는구나. 나이든 사람처럼. 지금은 잘 사용하지 않는 구식 표현들 있잖아. 이상하다고 생각했는데 다 이유가 있었군. 널 처음 봤을 때, 조금 이야기를 나눈 뒤에 느낀 사실인데 골동품 가게에서 막 걸어나온 사람 같았어."

그래, '오래된 사람'. 나도, 이 여행을 끝내고 나면 그런 사람이 되고 싶다. 오랜만에 봐도 어제 보고 또 보는 것 같은 느낌이 드는 사람.

여전한 사람.

한결 같은 사람.

그렇게 당신에게 힘이 되는 사람.

벼룩시장의 소년

Albany, New York State

여행을 하면서 수많은 벼룩시장을 만난다.

거기에 나와 있는 물건들은 거의 대부분 쓰던 것들이지만 마음에 어떻게 와 닿느냐에 따라 그 물건에 대한 생각이 달라진다.

그릇에 새겨진 글자 하나에 마음을 빼앗기기도 할 것이고, 가구의 서랍 깊숙이 들어 있는 엽서 꾸러미가 탐이 나 흥정을 시작하고, 오래전에 잃어버렸을 법한 가방 하나에 지갑을 열고 싶은 충동을 느끼기도 한다.

사람들이 벼룩시장에 가는 것은 벼룩에 물리기 위해서가 아니라 자신이 잃어버린 것, 소중한 줄 모르고 던져버린 것들을 찾기 위해서 그렇게 두리번거리는 것인지도 모른다는 생각이 들었다.

오늘 한 벼룩시장에서 식기류들을 내놓고 파는 소년을 보았다. 스무 살은 넘은 듯했지만 그렇다고 보기엔 뭔가 어설펐으므로 그냥 소년이라 해두자. 벼룩시장에는 전문적으로 물건을 내다 파는 사람들도 있지만 누구라도 쓰지 않는 물건들을 가져다 팔 수 있어서 가끔 '아마추어' 들도 볼 수 있다.

터무니없이 싼 가격을 보고 잠시 멈춰 섰는데 소년은 벼룩시장에 나온 것이 처음인지 고객에게 제대로 눈도 맞추지 못하고 있었다.

어쨌거나 그릇을 만지작거리는 내가 오늘 처음 맞은 고객이었는지 소년은 자기만의 독특한 방식으로 나를 맞이하고 있었다.

눈을 맞추지 못하는 것은 물론이고 가격을 물어봤을 때도 한참을 망설이다 대답하곤 했다.

아마도 그가 가지고 나온 것들을 다 합쳐도 오십 달러가 안 될 것 같았다. 하지만 나는 그것들을 살 수가 없었다.

여행자 처지에 깨지기 쉽고 무거운 그릇들을 마음에 든다고 살 수는 없었다.

만약 저 소년이 물건들을 다 팔지 못하면 어쩌지? 저렇게 소극적이면 아무 것도 못 팔 텐데.

벼룩시장을 반 바퀴쯤 돌아보고 나오려는데 다시 그 소년이 눈에 띄었다.

아니 어떻게 저런 일이! 어느새 그릇들을 다 팔아치운 소년이 바닥에 깔아 놓은 보자기를 접고 있는 게 아닌가.

그릇들이 좋은데다 가격이 싸기도 해서였을 것이다. 어쩌면 첫 손님인 나를 놓치고 나서 그렇게 해서는 안 되겠다고 마음을 바꾼 것인지도 모른다. 아 무튼 축하할 일인 것 같아 소년에게 다가가 물었다.

"벌써 다 판 거야?"

그러자 소년은 건너편을 가리켰다. 건너편에 물건들을 가득 펼쳐놓은 마음 씨 좋게 생긴 아저씨가 있었다. 그는 소년에게서 구입한 그릇들을 놓을 자 리를 만드느라 바빴다. 그는 그 물건들을 좀더 비싸게 팔 게 분명했다.

소년이 이것저것 팔아볼 기회를 갖지 못한 게 마음에 걸렸지만 한편으론 가 져온 물건들을 다 팔 수 있어서 다행이란 생각도 들었다.

벼룩시장을 빠져나오는데 이번엔 초등학생으로 보이는 아이 둘이 집에서 만든 것 같은 레모네이드와 쿠키를 이십오 센트에 팔고 있었다. 나와 눈이 마주치자 아이들이 활짝 웃었다.

그래, 저 정도 넉살은 돼야지.

나도 여행이 끝나면 필요 없는 물건들을 팔아야 할 때가 오긴 올 것이다.

하지만 나는 과연 벼룩시장에 앉아 내 물건들을 펼쳐놓고 팔 수 있을까?

만약 아무것도 팔고 싶지 않으면 어쩌나 하는 생각이 들었다.

분명 돌아갈 때 짐이 없지는 않을 텐데 이것도 아깝고 저것도 아까워서 짐이 산더미만 해지면 어쩌지?

하지만 확신하건대, 모두 두고 가기가 쉽지는 않을 것 같다.

이곳이 생각나면 그것들이라도 꺼내봐야 할 테니까.

언젠가 다시 여행이 그리워지면 그것들을 다시 챙겨야 할 테니까.

길 위에서 꾸는 꿈

오랜 운전에 몸이 피곤해서 쓰러지기 일보 직전인데 그래도 운전대를 잡고
까만 고속도로를 달릴 때, 너무 외로워 죽을 것 같은데 내 옆에 아무도 없을
때, 아니면 배는 너무 고픈데 위가 아파 물만 들이켤 때, 매일매일 바뀌는
잠자리가 지긋지긋해 눈뜨고 싶지 않은 아침에 난 혼자서 이렇게 위로했다.

'그래, 뉴욕에 가면 아는 사람들이 몇 있고 내가 편히 쉴 방도 구할 거야. 그
러면 이 지긋지긋한 위염도 괜찮아질 거야.'

이런 대책 없는 기대와 희망으로 난 결국 뉴욕까지 올 수 있었다.

날 기다려준 친구들을 만났고, 친구가 내준 작은 반지하방에 머물면서 제대로 된 음식도 먹었다.

하지만 여행 중이나 지금이나 달라진 것은 별로 없다.

여전히 난 친구들 사이에서 외로웠고, 왠지 모든 게 불편해서 하루 종일 가시질 않는 피곤을 어쩌지 못했다.

그리고 운 나쁘게 위염도 여전했다.

어느새 난 뉴욕에서 내가 지나온 길들을 그리워하기 시작했다.

마치 길에 중독된 것처럼, 나도 모르게 하루에도 몇 번씩 내가 지나온 악몽 같은 길들을 거꾸로 되짚어 생각하면서 다시 달리고 싶어 안절부절못하고 있다.

무엇보다 지나올 때는 괴롭고 외롭기만 하던 그 길이 지금은 다시 돌아갈 수 없는 까마득한 시간처럼 느껴져 내 머릿속에 아련하고 슬프게 그려졌다.

하지만 나는 이제 안다.

내 비록 한 박자가 느려 지금 이 순간을 즐길 수 없을지라도 다시 길을 떠나게 되면 이곳이, 그리고 지금 이 순간이 또다시 그리워질 거라는 것을……

그래서 이제는 상관없다.

난 분명 또다시 새로운 기대와 희망을 생각해내고 그것에만 의지하면서 끝까지 길을 갈 거란 걸 알고 있으니까.

난 끊임없이 무엇인가에 대해 그리워해야 하고 아쉬워해야 한다. 그게 바로 나라는 사람이다.

'그래, 다시 한국으로 돌아가면 날 기다리는 친구들이 있어. 그러면 난 이 정도로 외롭지 않을 거고, 아무리 깜깜한 어둠 속에서도 어디에 뭐가 있는지 다 아는 익숙한 내 방에서 늦도록 잘 수 있어. 그리고 주사만 한 방 맞으면 이 지긋지긋한 위염과 작별할 수 있는 동네 병원에도 갈 수 있어.'

돈돈돈

나에게 만약 지금은 은퇴했지만 일할 당시 여기저기 열심히 숨겨둔 돈이 많아 자손대대로 먹고 살 것을 미리미리 준비해둔 재주 많은 아버지가 있다면…… 혹은 끝도 없이 뭔가가 나오는 마술사의 검은 재킷이 있어서 거기서 마음대로 돈을 꺼낼 수 있다면…… 아마 난 캐나다도 가고 멕시코를 거쳐 남미 끝까지 갈 수도 있을 것이다. 아니, 달에도 갈 수 있을지 모르고 배두나도 진작 만났을지 모른다.

하지만 내게는 그렇게 부자인 아버지도, 마술사의 재킷도 없다. 그래서 미국 대륙을 딱 절반쯤 돌았을 때. 내가 가져간 돈이 밑바닥을 보이더니 끝내는 똥구멍까지 내보일 정도가 되었다.
돈이 없다고 뭐 여행을 못하는 건 아니다. 하지만 돈이 없다는 건 바다로 아주 빠르게 추락하는 비행기처럼 절망적이고 대책 없게 만드는 일임이 분명하다. 또 그만큼 볼 수 있는 것과 갈 수 있는 곳이 적어질 테니 정말 반가운 일은 못 된다.

하지만 이미 없는 돈을 어쩌겠는가!
해결책은 그렇게 복잡하지 않은 데 있었다.
첫째, 여행을 잠시 멈추고 돈을 벌어서 다음 행선지로 떠나는 것이다.
장기 여행자들이 가장 이상적으로 생각하는 건 돈을 벌면서 여행을 하는 것이다. 하지만 그것은 우리의 로망일 뿐, 현실은 그렇게 호락호락하지 않다. 우선, 단기간 일할 사람을 찾는 곳이 드물다. 또 운이 좋아서 일자리를 구하더라도 여행할 만큼 돈을 풍족하게 벌기는 힘들다.

둘째, 지지리 궁상을 떨어가며 가능한 한 모든 걸 아끼는 것이다. 그동안 내가 너무 방탕하게 여행해서 돈이 없어진 것도 아니고 이미 충분히 아끼고 있지만 그래도 아끼고 더 아껴야 한다는 것. 하지만 여기서 어떻게 더 아껴야 할지는 나도 잘 모르겠다. 두 끼 먹는 걸 한 끼로 줄이거나, 박물관과 미술관처럼 돈 내고 들어가는 곳은 주변을 맴돌거나, 아니면 담배를 끊거나…… 어떻게든 돈을 쓰지 않으면 되는 것이다.

셋째, 누군가에게 돈을 빌리는 것이다. 이것만큼은 절대로 하고 싶지 않지만 결국 여행의 막판에 가서 할 수밖에 없는 짓.

그리고 마지막은 지금 당장 모든 걸 접고 짐을 싸서 집으로 돌아가는 것이다. 말 그대로 여행을 중단하는 것이다. 이것 역시 세 번째만큼이나 절대 선택하고 싶지 않지만 사람은 가끔 포기할 줄도 알아야 하는 법이다.

이상의 네 가지 방법들 가운데 내가 선택한 것은 일자리를 구하는 것이었다. 그래서 일주일 동안 여기저기 가게를 돌아다니면서 내 처지를 설명하고 일자리를 찾았다.
뉴욕에는 수없이 많은 가게가 있지만 어디에서도 날 필요로 하지 않았다. 난 어떤 일이든 할 자세가 되어 있었지만 그들은 나를 부도수표처럼 꺼렸다. 그러다가 간신히 주얼리 숍에서 일자리를 구할 수 있었다.

그렇게 어렵지 않은 일이어서 돈을 많이 받을 순 없었지만 난 일할 수 있는 것만으로도 감사했다.

주인도 이런 내 마음을 알았는지 아주 영리하게 그 점을 이용했다.

그렇다고 주인이 냉혹한 사람이었다는 이야기는 아니다. 그는 다만 최소한의 투자로 최대한의 이익을 창출하려는, 경제 개념이 투철한 사람이었을 뿐이다. 내가 한 일은 손님이 물건을 훔쳐가지 못하도록 하루 종일 서서 감시하거나 가게 청소를 하고 하얀 천으로 수천 개의 작은 액세서리에 광을 내는 일이었다.

힘들고 고되긴 했지만 이제까지 내가 했던 어떤 일보다 가치 있는 일처럼 느껴졌다. 먼지 낀 반지며 목걸이, 귀걸이를 하얀 천으로 문지르면 그것들이 마술처럼 숫처녀로 변신해 반짝이기 시작했다. 주인은 내가 그 일에 소질이 있어 보인다며 칭찬을 하기도 했다.

여든 살이 넘어 제대로 걷지도 못하면서 매일 필요하지 않은 액세서리를 사러 오는 할머니의 자녀들을 응대하거나, 좀도둑을 잡은 상으로 주인이 사준 피자를 얻어먹으면서 하루하루가 흘러갔다.

난 그날그날 받은 돈으로 저녁 때 먹을 고기도 사고 담배도 사고 진저에일도 샀다. 또 친구들에게 보낼 편지를 들고 우체국에 가기도 했다. 비록 적은 돈이었지만 낯선 땅에서 자급자족하고 있다는 사실에 참 행복했다.

물론 이 돈을 모아서 캐나다나 중남미까지 가지는 못하겠지만 그래도 마음만은 어느 때보다 부자였다. 마치 커다랗고 두둑한 고래 뱃속처럼……

잠들기 전, 나는 미국의 투자가 워렌 버핏이 한 말을 떠올린다.

"가격은 당신이 지불하는 것이고, 가치는 당신이 얻는 것이다."

그래, 나는 지불을 통해 가치를 얻는 중이다!

Letter for You

나도 이사를 했어요. 어제.
그동안 브룩클린의 친구 집에 얹혀살다가
며칠 전 맨해튼 거리에서 좋은 여자를 만나
뉴욕 바로 옆에 있는 뉴저지에 새로 집을 구했어요, 라고 하면
그건 진짜 뻥이고 더는 같이 있으면 민폐일 것 같아서
적당한 집을 찾아 이사를 왔어요.
짐이 많지 않아 사실 이사라고 하기에도 좀 그러네요.
그저 옷가방 몇 개 옮겼을 뿐이거든요.

반지하라 해가 잘 들어오지 않는다는 문제가 있긴 하지만
그래도 조용하고 넓고 무엇보다 깨끗해서 이 방이 마음에 들어요.
다만 아직 이 방에 적응하지 못해서 안에 있으면 왠지 불안하고
암울해지긴 하지만 그래도 곧 익숙해지겠죠.

오늘은 집 근처에 있는 바에 가서 면접을 보고 왔어요.

사실 LA에서 이곳으로 온 뒤부터 밑바닥을 보이던 통장의 잔고가
결국 바닥났더라고요.
그래서 돈을 벌 수밖에 없게 되었어요.
관광비자는 일자리를 찾기가 쉽지가 않아서
그냥 학생비자를 가지고 있다고 거짓말했어요.
그래서 그런지 마음이 조금 무겁네요.
하지만 어쩔 도리가 없었어요.
그러지 않으면 일자리를 구할 수 없으니까.

돈이 없어 거짓말을 하긴 했지만 그렇다고 내가 지금 비참하지는 않아요.
아마 다른 누군가도 나와 같은 상황에 놓인다면 분명 나처럼 행동했을 거예요.
그냥 선택의 여지가 없는 것뿐이에요.

최근 들어 가끔, 아니 자주, 그냥 다 그만두고

한국에 돌아가고 싶다는 생각을 해요.

내가 왜 여기에 있을까, 하는 생각도 들고요.

여행을 시작하기 전에는 분명히 여행을 하는 확실한 이유도 있었고

가보고 싶은 길도 있었지요.

그런데 막상 여행을 시작하고 시간이 지날수록

내가 가진 모든 생각들이 내 마음 안에서 삐거덕거리며

이리저리 휘청대고 있어요.

지금 내 기분을 어떻게 설명해야 할지 잘 모르겠지만

아무튼 약간은 의욕상실에 향수병도 앓는 것 같아요.

하지만 여기서 이렇게 돌아갈 수는 없네요.

아직 가지 못한 길이 많이 남았고 결국 끝낼 수밖에 없는 일이 남았거든요.

여기서 그냥 돌아간다면 아마 평생 후회할 것 같아요.

그래서 어떻게 해서든 이 길의 끝까지 가려고요.

보고 싶네요.

뭐 달리 할 말은 없어요.

아마 당신도 비슷한 기분이겠죠?

난 언젠가는 돌아갈 테고, 운이 좋으면 LA에서 당신을 만날 수도 있을 테니

지금 설명하지 못한 내 마음은 그때 가서 설명할게요.

잘 지내요.

내 옛날 여자친구의 남편

New York City

내가 막 서에서 동으로 이어진 미국 횡단을 마치고 거지같은 몰골로 뉴욕 너의 집 앞에 불쑥 나타났을 때, 넌 문 앞에서 이 상황을 믿을 수 없다는 표정으로 날 맞이했지. 나 역시 그 순간이 마치 삼류 영화의 한 장면처럼 느껴졌어. 우린 말없이 그저 서로를 오랫동안 바라봤어. 무슨 말을 해야 할지 우리 둘 다 몰랐던 것 같아.

그러다가 잠시 후 네가 먼저, "얼굴이 정말 형편없는데?"라고 말했어.
난 "좀 그렇지?"라고 말하며 어색하게 웃었지.
너는 다시, "여기서 이렇게 만날 줄은 상상도 못 했어"라고 했고 난 "그러게. 우리가 너무 오래 살았나보다. 이런 일이 생긴 걸 보면" 하고 대답했지. 예전에 우리가 함께했던, 유난히 더웠던 스물세 살의 여름을 떠올려보려 했지만 잘 기억나지 않았어. 왠지 아주 오래전부터 사람들의 입으로 전해져 내려와 지금은 희미해진 옛날이야기처럼 느껴졌거든.

다른 친구에게 전해들은 것처럼, 난 네가 여기서 결혼했다는 걸 이미 알고 있다고 얘기했어. 놀랍게도 넌 다음 달에 아기가 태어난다고 말했지.
순간, 난 네가 농담을 하고 있다고 생각했어. 예전에 우리가 자주 했던 말장난처럼. 하지만 집 안에 걸린 네 결혼사진과 남산만큼 부풀어오른 너의 배를 보며 그저 한 숟가락만큼만 웃을 수밖에 없었어.
괜히 널 찾아온 것 같아 후회했어. 그래서 서둘러 너의 집을 빠져나갈 궁리를 하고 있는데 넌 내게 머물 곳은 있는지, 밥은 먹었는지, 그리고 아픈 데는 없는지 걱정스레 물었어. 솔직히 난 당장 머물 곳도 없었고 배도 고팠고 또 무척 피곤했지만 대충 얼버무리며 작별인사를 하고 나가려 했어.

그러자 넌 나를 붙잡으며 말했지.

"이제 곧 남편이 돌아올 거야. 네 이야기 해뒀으니 같이 저녁 먹어."

사실, 별로 만나고 싶지 않았어. 그래서 네게 고백했어. 솔직히 네 남편을
만날 용기가 없다고……

넌 웃으며 말했지.

"괜찮아. 그 사람도 널 만나보고 싶다고 했으니깐."

넌 정말 많은 게 변했더라. 집 안 가득 네가 기를 수 없을 것만 같은 식물들
과 행복이 넘쳐나는 듯 보이는 커튼과 쿠션의 색깔…… 심지어 그전에는 전
혀 볼 수 없었던 긴 생머리까지.

난 어쩔 수 없이 다시 의자에 앉아 네가 저녁 준비하는 걸 바라보다가 나도
모르게 잠이 들어버렸어. 염치없게 너무 피곤했던 거지.

얼마나 잤을까. 내가 눈을 떴을 때는 창밖이 이미 어두웠어.

내가 일어나는 걸 보고 너는 웃으며 말했어.

"진짜 피곤했나 보네?"

그러고는 이미 집에 와 있는 네 남편을 내게 소개했어.

"이야기 많이 들었어요. 자동차로 미국을 혼자 여행 중이시라고요."

대략 난감한 이 상황에 난 너무 창피했어.

그런데 네 남편은 정말 좋은 사람이더라.

친절했고, 무엇보다 너를 진심으로 아끼는 것처럼 보였거든.

더욱이 옛날 남자친구가 불쑥 찾아와 자기 집에서 자고 있는데도 별로 놀라

지 않고 이해해주는 걸 보니 나보다 꽤 괜찮은 사람처럼 느껴졌어.

우린 저녁을 먹으며 셋이서 이런저런 이야기를 했어. 아주 오랫동안……
밤이 늦어 이제 그만 가봐야겠다고 하자, 너희 부부는 한사코 내게 자고 가라고 했어. 마땅히 잘 곳이 없긴 했지만 난 정말 그러고 싶지 않았어.

간신히 작별인사를 하고 도망치듯 너의 집을 나와서는 잘 설명할 수 없는 기분으로 화려하게 번쩍이는 뉴욕 거리를 운전했어.
그러다가 무작정 눈에 보이는 아무 호텔에 들어가 하룻밤 방을 빌렸어.
꽤 비쌌지만 그날만큼은 돈에 대해서 별로 신경 쓰고 싶지 않았어.
샤워를 하고 창문으로 보이는 맨해튼의 야경을 바라보며 담배를 피우는데 위염 때문에 속이 아픈 건지 아니면 마음이 아픈 건지 가슴이 막 아프더라.
그리고 무작정 널 찾아간 내가 너무 철없이 느껴졌어.

솔직히 널 만나러 갔던 건 너에게 특별한 뭔가를 기대해서가 아냐. 물론 예전의 감정이 남아 있었던 건 더더욱 아니었고. 그저 네가 무척 보고 싶었고, 오랫동안 미뤄뒀던 이야기를 하고 싶었어.
하지만 내가 생각했던 것보다 시간이 더 많이 흘러버렸던 거지. 우린 예전 같을 수도 없었어. 그런데 난 이기적이게도 시간이 아무리 흘러도 너와 난 변하지 않을 거라고 믿었어.

정말 바보처럼……

내가 그를 오해하게 만들었을 때

그는 게이라고 해서 눈이 세 개 달렸거나, 사람 없는 극장이나 공중화장실을 배회하며 섹스 상대를 찾아 헤매진 않았다. 오히려 그는 일반적인 취향을 가진 사람보다 친절했고, 처음 만나자마자 호감이 가는 그런 타입이었다.

잭과 만난 건 뉴욕에 처음 도착해서 한동안 얹혀살던 친구의 하우스 파티에서였다. 초저녁 옥상에서 시작된 그 파티는 아침 해가 뜨기 전 이웃집에서 신고한 경찰이 올 때까지 계속되었다. 모두 술에 취하고 난장판 같은 분위기에 취해 있었다. 잭은 미국을 혼자 차로 여행하는 것에 관심을 보였고, 좋아하는 음악과 책이 비슷하다는 점에서 우리는 쉽게 친해질 수 있었다.

그리고 마침 술이 떨어져 누군가 사러 가지 않으면 안 될 상황이 왔다. 그때 잭이 물었다.
"술 사러 갈 건데 같이 갈래?"
"좋아. 나도 담배가 떨어졌어."
잭과 나는 몇 블록 떨어진 곳까지 걸어서 술을 사러 갔다. 잭은 기분이 아주 좋아 보였다. 물론 나도 오랜만에 많은 사람들 속에 있다는 사실에 흥분해 있었다. 우리는 싸구려 맥주와 데킬라를 샀고 남은 돈으로 아이스크림 하나를 샀다. 한 손에 데킬라 술병을 들고 다른 손으로 아이스크림을 베어 물고 있던 나는 양손에 술을 든 잭에게 물었다.
"아이스크림 좀 먹어볼래? 이거 맛있는데."
어색한 표정으로 한 입을 베어 문 그가 말했다.
"난 아이스크림 좋아하지 않는데 정말 맛있군!"

그 파티 이후 우린 몇 번을 만나 첼시에 있는 갤러리에도 가고, 그가 자주 들른다는 다운타운의 이탈리안 소다 숍에도 갔다. 비록 나의 영어가 짧고 능숙하지 못했지만 우리가 소통하는 데 언어 따위는 큰 문제가 아니었다. 그는 내가 말할 때 귀를 기울여줬고, 또 아주 천천히 내게 말했다. 그런 배려 때문이었는지 잭과 나는 정말 빨리 친해졌다. 잭과 나는 아무것도 하지 않고 집 안을 빈둥거리는 것과 사진 찍는 걸 좋아하고 케이크나 초콜릿 같은 단 음식을 좋아하지 않는다는 점도 비슷했다.

잭의 일상과 나의 소소함은 톱니바퀴의 아귀처럼 잘 맞아떨어졌다. 나는 잭이 마음이 들었고, 오랜만에 좋은 친구를 만난 것 같아 그와 함께하는 시간이 즐거웠다. 잭도 나와 다르지 않다는 걸 알게 되었다.

어느 날, 그가 내게 전화를 걸어 오늘 밤 시간이 있냐고 물었다. 그는 맛있는 저녁을 사고 싶다고 했다. 난 그가 근무하는 사무실 앞에 가서 일을 마치고 나온 그를 만났다.

그날따라 그는 넥타이에 클래시컬한 챙이 달린 중절모자를 쓰고 있었다.

"오늘 멋진데! 특히 모자가 마음에 들어. 이럴 줄 알았으면 나도 그 비슷한 모자를 쓰고 나올 걸. 둘이서 그걸 쓰고 거리를 걸으면 정말 웃기겠다. 그지?"

"키가 1미터 85센티인 중절모를 쓴 백인과 작은 아시아인…… 그거 볼 만하겠는데?"

그를 따라간 곳은 크리스마스 전구가 반짝이는 복고풍의 야외 카페테리아였다.

"와우! 이런 곳은 한 번도 와본 적 없는데. 꼭 영화에 나올 것만 같은 카페야."

여기저기 촌스럽게 둘러보고 있으니 그가 귀엽다는 듯 웃으며 메뉴를 보여주었다.

"음식도 맛있어. 뭐 먹을래?"

메뉴를 아무리 들여다봐도 뭐가 뭔지 알 수 없어 조금 창피했다.

"잘 모르겠어. 네가 골라줘. 생선만 빼면 뭐든 상관없어."

잭은 나를 위해 허브 소스가 들어간 양고기 스테이크를 골라주었다. 그리고 자기는 그릴에 살짝 구워 레몬 소스를 끼얹은 참치 요리를 주문했다.

"오늘 무슨 날이야? 여기 비싼 집 같은데."

"그냥, 별다른 이유 없어. 매일 매일이란 것 자체가 생각하기에 따라서 특별할 수도, 안 그럴 수도 있는 날이지."

맛있는 음식을 먹으며 나는 영어로 다시 읽고 있는 까뮈의 책에 대해 말했고, 그는 예전에 본 한국 영화에 대해서 얘기했다. 참 드물게 아늑하고 기분 좋은 밤이었다.

접시가 나가고 디저트로 망고 셔벗을 시켜 나눠 먹고 있을 때였다. 잭이 뭔가 할 말이 있다는 표정으로 내 눈치를 살폈다.

"왜 그래?"

그는 뭔가 결심을 했다는 표정으로 바뀌더니 말문을 열었다.

"사실 난 네가 마음에 들어. 파티에서 처음 봤을 때부터 네가 마음에 들었어."

난 그때까지도 그게 무슨 의미인지 몰랐다.

"어 진짜? 고마워. 나도 네가 마음에 들어."

잭은 내 말에 용기를 얻었는지 다시 이렇게 말했다.

"그럼 우리 좀더 진지하게 만나볼까?"

난 잭의 말을 잘못 이해했다고 생각해서 그에게 그게 무슨 뜻이냐고 물었다.

그는 내 컵에 물을 따라주면서 나랑 사귀고 싶다고 수줍게 고백했다.

우리 사이에 침묵이 흘렀다. 그에게 뭐라고 설명해야 할지 난감했다. 그건 내 언어의 문제가 아니었다. 그건 사람과 사람 사이 감정의 문제였다. 내 모든 호의를 지켜보며 그는 나를 게이로 착각하고 있었던 것이다. 그가 나를 그냥 친구로 생각하기만을 바라는 마음은 변함이 없었다. 우린 우리의 관계를 오해하고 있었다.

"미안하지만 난 널 아주 좋은 친구로 생각했어."

오랜 침묵이 흐른 뒤 난 그에게 과거형으로 말했다. 물컵 안에 든 라임을 빨대로 툭툭 건드리며 그를 더는 만날 수 없을 거라고 생각했다.

또다시 우리 사이에 어색한 침묵이 흘렀다. 아까보다 더 오랫동안……

어색한 분위기를 어떻게든 바꿔보려 했지만 수영장에 털모자를 쓰고 오리털 점퍼를 입고 앉아 있는 사람들처럼 답답하긴 마찬가지였다.

"괜찮아. 난 네가 게이였으면 했어. 내가 착각했나봐. 괜찮아. 우린 재미있게 만났으니까."

그렇게 말하고 그는 고개를 푹 숙였다. 그에게 미안한 마음이 들었고 조금 안쓰러웠다. 내가 게이가 아니어서가 아니라 이런 상황을 만든 내 자신이 너무 미안했다. 예전에 내가 누군가에게 고백을 때 거절당했던 일이 생각났다. 잭을 위로하고 싶었지만 아무것도 해줄 수 없었다.

잭은 조용히 자기 이야기를 들려주었다.

"나도 대학 다닐 때는 여자친구가 있었어. 그리고 그전까지는 내가 동성연

애자라고 생각해본 적이 없었어. 그러다 한 친구를 만났어. 그 친구를 만나자마자 호감이 생겼어. 난 그 감정이 특별한 감정이 아니라고 생각했는데 시간이 갈수록 점점 그 친구가 너무 좋아지는 거야. 알고 보니 그는 게이였어. 그리고 어느 날 나도 게이일지 모른다고 생각했어. 그 사실을 인정하는 과정에서 너무 혼란스러웠어. 그전까지 그런 건 한 번도 생각해본 적이 없었거든. 아무튼 난 그와 사랑을 하기로 결정했고, 그 순간부터 난 게이가 되었어."

난 그저 그의 말을 듣고 있을 수밖에 없었다. 그를 이해하긴 하지만 내가 해줄 수 있는 건 아무것도 없었으므로.

"미안. 너에게 뭐라고 말해야 할지 모르겠어. 하지만 넌 정말 좋은 사람이고 좋은 친구야."

어두운 길에서 나의 인사를 듣고 그는 고개를 푹 숙인 채 브룩클린의 골목 어둠 속으로 사라졌다.

나의 행동이 그를 착각하게 만들었는지도 모른다는 죄책감이 들었다. 만약에 잭이 여자였거나 내가 게이였다면, 우린 정말 기쁘게 만나서 사귀고 행복해졌을지도 모른다.

똑같은 인간을 신은 어쩌다 두 가지 성으로 만들었는지 바보스러운 의문이 들었다. 만약 우리가 천사처럼 남자도 아니고 여자도 아닌 중성적인 존재라면 지금보다 더 많은 사랑을 나누고 더 행복해질 수 있을까?

생각 끝에 내린 바보스러운 결론은, 인간은 두 가지 성이 아니라 네 가지 성쯤으로 만들어야 했다는 것이다.

신은 정말 중대한 실수를 한 것이다.

summer

여름

여행 중에 얻은 휴가

New Jersey

내가 머문 곳은 정원이 딸린 뉴저지의 전형적인 미국식 주택이었다.

이왕 여기까지 온 김에 뉴욕 도심에 머물고 싶었지만 뉴욕은 집값이 너무 비싼데다 단기간 방을 빌리는 것도 현실적으로 어려웠다. 그래서 그나마 방 값이 싼 뉴저지까지 오게 되었다. 뉴저지라고는 해도 뉴욕 시내까지 급행 버스로 이십오분밖에 걸리지 않는 곳이어서 그렇게 불편하지는 않았다.

방은 제법 크고 깨끗하지만 몇 가지 문제가 있었다. 우선, 차고 한쪽을 개조 해서 만든 공간이라 방이 하루 종일 어두컴컴했다. 물론 커다란 창문이 있 긴 하지만 방의 위치상 해가 지는 늦은 오후에만 붉은 햇살이 간간이 방으 로 스며들었다가 금세 다시 어두워졌다. 난 항상 그 늦은 햇살을 바라보며 잠깐씩 의자에 기대어 졸곤 했다. 그럴 때면 마치 깊은 바다 속에 홀로 가라 앉아 있는 가오리 같다는 생각이 들었다.

또 다른 문제는 부엌이 없다는 거였다. 그래서 음식을 할 때는 항상 방문 앞 계단에 쭈그리고 앉아서 난민처럼 캠핑용 가스레인지를 이용해야만 했다. 물론 방 안에서 하면 좋겠지만 천장에 달린 화재경보기가 어찌나 민감해주

시던지 조금만 연기가 나도 신경질적으로 울려대는 바람에 어쩔 수 없이 바깥에서 요리를 할 수밖에 없었다. 하지만 여행하는 동안 매일매일 바뀌는 낯선 천장에 진저리가 나는지라 그런 문제는 내게 아무것도 아니었다. 그저 이 낯선 곳에 나만의 공간이 있다는 사실에 감사할 따름이었다.

물론 매력적인 점도 있었다. 무엇보다 내가 머문 곳은 뉴욕에 비해 무척 조용했다. 경사가 꽤 가파른 언덕에 있는 동네라 해가 뜨고 질 때의 경치가 앞에서 이야기한 불편함이 다 용서될 정도로 대단했다. 그래서 해가 지는 시간을 기다려 집 앞 보도블록에 나가 앉았다. 매일같이 바라보는 서쪽 풍경이지만 아무리 봐도 질리지 않았다. 저녁 햇살을 보는 사이, 누군가가 내 마음 구석구석을 빗질해준다는 느낌이 들었다.

난 이곳에서 거의 두 달을 은둔자처럼 보냈다. 밖에 잘 나가지도 않고 방 안에서 빈둥거리며 시간을 보냈다. 너무 조용한데다 밖에 잘 나오지도 않는 내가 궁금했던지 주인 아주머니가 문을 두드리며 내 안부를 묻곤 했다. 그동안 나는 어딘가로 계속 움직이고 무언가를 보는 일에 꽤 지쳐 있었다. 운전을 하지 않은 지 오래됐는데도 잠을 자다가 갑자기 급브레이크를 밟는 시늉을 하는 바람에 다리에 쥐가 나는 일도 허다했다. 하지만 아무것도 하지 않은 채 오랫동안 이곳에 머물고 싶다는 생각엔 브레이크를 걸고 싶지 않았다.

여행 중에 얻은 또 다른 휴가.
아무것도 보지 않고 한 발짝도 움직이지 않는 시간……
여행을 떠나오기 전 내가 좋아하는 안선배가 해줬던 말처럼, 인생에서 우리가 무엇인가를 하는 것도 중요하지만 한편으로 아무것도 하지 않고 가진 걸 소모할 수 있는 시간을 가지는 것도 훌륭한 경험인지 모른다.

슬픈 이방인

New York City

"영어 못하면 집에나 처박혀 있을 것이지. 쓰레기같이 여기저기 널린 관광객 놈들!"

42번 거리를 따라 걷고 있는데 그가 다짜고짜 나를 향해 이렇게 말했다.
나는 순간 그가 내게 그 말을 한 건지 아니면 다른 누군가에게 한 건지 잘 몰라 주위를 둘러보았다. 애석하게도 그곳엔 나밖에 없었다.

그는 전형적인 힙합 스타일의 옷을 입은 젊은 흑인이었다. 그리고 이유는 모르겠지만 뭔가에 단단히 신경질이 나 있는 것처럼 보였다.
어쩌면 약에 취했는지도 모른다. 하지만 내가 그를 화나게 만든 건 아니었다. 다만, 그가 다른 일로 화가 나 있을 때 운 나쁘게 내가 거기에 있었던 것뿐이었다. 그는 여전히 짜증 섞인 눈초리로 나를 바라보고 있었다.
나는 두렵다기보다는 이 상황을 어떻게 받아들여야 할지 몰라 주변을 두리번거렸다. 그러곤 주머니에서 손을 빼고 그에게 천천히 그리고 또박또박, 내가 알고 있는 힙합 뮤지션들의 이름을 생각나는 대로 늘어놓았다.

그를 똑바로 쳐다보지 않은 채.

"투팍, 퍼블릭 에니미, 런 D.M.C., 더 루츠, 팻 조, 갱스터, 제임스 브라운, 마빈 게이, 템테이션, 레이 찰스, 드 라 소울, 에릭 B. 앤드 라킴, 엘엘 쿨 제이, 우탱 클랜, 노토리어스 B.I.G., 주라식 파이브, 블랙칼리셔스, 모스 데프, 닥터 드레, 본 석스 앤 하모니, 스눕 독, N.W.A, 아이스 티, EPMD, 나스……"

그리고 마지막으로 힘주어 "Ok! I'm gonna go back to home"이라 말하고 그를 스쳐 지나갔다. 그는 그 자리에 서서 나를 계속 바라보고 있었다. 아니 좀 황당해하는 것 같았다.

솔직히 무엇이 그를 그렇게 화나게 했는지 궁금했고, 넌 다른 나라 말을 할 줄 아냐고 따지고 싶었다. 하지만 그러기에는 내가 너무 소심했고 그는 충분히 위험인물이었다. 나는 다만 영어를 못한다고 해서 다 바보가 아니라는 걸 나만의 소심한 방법으로 그에게 알려주고 싶었을 뿐이었다.
그 방법이 과연 효과가 있는지 확신은 없지만.

이방인이란 그런 거다. 낯선 언어와 낯선 사람들 그리고 낯선 풍경 속에서 엄청 눈치 봐야 하는 것.
그 이상은 없다.

담배 한 개비의 우정

New York City

담배 한 개비를 꺼내 네게 내밀고,

손으로 부는 바람을 막고 불까지 붙여줬다.

넌 내게 유난히 하얀 이가 돋보이는 미소를 지으며 말했다.

"담배 한 개비가 간절했는데 고마워."

그러고는 내 옆에 털썩 주저앉아 내가 준 담배를 정말 맛있게 피웠다.

넌 내게 이름이 뭐냐고 물었다.

난 내 닉네임을 알려줬다.

"나, 생선이야."

넌 진심이냐는 표정으로 "정말 이름이 생선이냐?"라고 다시 한번 물었다.

"그냥 닉네임이야. 진짜 이름은 김동영."

"김도녕."

넌 담배연기를 불어내며 어색하게 내 이름을 발음했다.

난 웃으며 또박또박 말했다.

"아니 김.동.영!"

"킴.똥.령?"

"거의 비슷했어."

"아, 어렵군. 그런데 넌 여행 중?"

"어, 미국을 여행 중이야."

"그럼, 뉴욕 말고 다른 곳도 여행했어?"

난 너에게 천천히 나의 여정을 설명했다.

넌 믿을 수 없다는 표정으로 나를 바라보며 'cool' 이라는 말을 연발했다.

그러다 넌 내게 물었다.

"그렇게 여행하려면 돈 많이 들지 않아?"

"사람마다 다르지 않을까? 난 돈이 별로 없어서 아껴서 여행하고 있어."

"정말 대단해. 나도 언젠가는 해보고 싶어. 우선 돈부터 벌어야겠지만."

넌 사무용품 세일즈를 한다고 했다.

그래서 하루 종일 시내를 돌아다니며 볼펜이며 프린트 용지, 파일 같은 걸
도매가격으로 사무용품점에 넘긴다고 했다.

넌 그게 아주 쉬운 일이라고 내게 설명했다.

중국에서 문구류를 싸게 수입한 다음 적당한 가격을 붙여서 파는데
제법 돈이 되는 장사라고.

"그거 불법 아냐?"

"뭐 다들 그렇게 하니깐."

집세를 내기에도 빠듯하지만 사람 만나는 걸 좋아해서 매일 그렇게
사람을 만나야 하는 그 일이 나쁘지 않다고 했다.

그즈음부터 우리는 돈에 대해서 얘기하기 시작했다.

돈 벌기가 얼마나 힘들고 모으기도 어려운지에 대해서.

넌 돈을 모으면 제일 먼저 일본 차를 사고 싶다고 했다.

그리고 나처럼 여행을 다니고 싶다고 했다.

돈 얘기를 많이 해서인지 네가 인간적으로 느껴졌을 뿐,

처음 봤을 때처럼 멋져 보이진 않았다.

넌 당장 어디서 총이라도 한 자루 구해서 은행을 털 기세였으니까.

네가 간절히 원하는 게 돈인지, 아니면 네가 간절히 하고 싶은 일이
은행털이인지 분간하기 어려웠으니까.

지금까지 살면서 돈에 대해 그만큼 애착을 가진 사람은 네가 처음이라고,

내 기네스북에 기록해두려 한다.

하지만 그것은 남들이 부러워할 만큼 대단한 꿈이 아니라

그냥 소박한 꿈에 불과할 뿐이라고 적어두려 한다.

허드슨 강을 건너 맨해튼으로 가기 전

바람이 잠시 머물고 간다는 뉴저지의 언덕에 서서

어두운 밤, 별처럼 소리 없이 빛나는 도시를 바라봤어.

수억만 개의 창문들이 내려다보였고

그 창을 밝히고 있는 수억만 개의 눈동자들도 보였어.

까만 강물과는 대조적인 도시가 신기루처럼 보이더라.

정말 가치를 판단할 수 없는 광경이었어.

난 화려한 도시를 바라보며 땅이 꺼질 것만 같은 긴 한숨을 쉬었지.

왜냐하면 이제는 가지고 온 수면제도 위장약도

그리고 알레르기 약도 거의 다 먹었고 돈도 다 떨어져 가는데다

무엇보다, 무엇보다 정말 외로웠거든.

참 바보 같지.

그 아름다운 풍경 앞에서 고작 이런 생각이나 하다니.

하지만 그런 쓸데없는 궁상을 모고 있자니

내가 왠지 끝까지 몰린 기분이었어.

화려한 사람 앞에서 난 초라하다고 말할 수 있어.

부자인 사람 앞에서 난 정말 한없이 가난하다고 말할 수도 있어.

하지만 난 어떤 상황에서도 내가 외롭지 않다고 말할 순 없어.

외로움은 참을 수 없는 것.

가난은 숨길 수 있지만,

두려움은 숨길 수 있는 거지만

외로움은 숨길 수 없는 것.

아무도 책을 읽지 않는 시대

그곳은 아름다운 헌책방이었지만 별 생각 없이 들어가서 차를 마셔도 좋을 카페이기도 했다. 그동안 여행하면서 눈에 보이는 대로 꽤 많은 헌책방을 가봤지만 그곳은 내가 가본 곳 중에서 최고의 책방이었다.

성당같이 높은 천장은 천 개의 초가 밝혀진 것처럼 은은해서 성스럽기까지 했고, 책들이 빼곡히 꽂혀 있는 책장들은 마치 피아노 건반을 세로로 꽂아 둔 것 같았다.

그곳에 놓인 두어 개의 테이블과 몇 개의 철제의자는 적은 개수와 상관없이 친절한 느낌을 주었다. 카운터에 약간 피곤해 보이는 그가 앉아 있었다. 그는 이 책방의 주인인 동시에 유일한 종업원이기도 했다.

내가 필라델피아 구시가지에 위치한 그곳에 들어가게 된 이유는, 늦은 시간 유일하게 문을 연 곳이 그곳이었기 때문이다.

발간된 지 얼마 안 된 새 책들은 오른쪽에 있었고, 색이 바래고 곰팡이 냄새가 풍기는 오래된 헌책들은 왼쪽에 꽂혀 있었다. 그리고 중고 레코드판이 그 경계를 엄격하게 나누고 있었다. 그건 브룩클린의 묘지에서 보았던, 산 자와 죽은 자를 나누는 벽 같기도 했다. 난 그곳을 한동안 어슬렁거리다가 문득 생각나는 책이 있어서 카운터에 무심히 앉아 그에게 그 책을 물었다.

그러자 그는 영양을 사냥하는 치타가 나오는 다큐멘터리처럼, 슬로모션으로 아주 느리게 몸을 움직여 나를 구석진 책장으로 데려갔다. 아마 내가 찾는 책이 이 주변에 있을 거라고 말하고 그는 다시 느리게 원위치로 돌아갔다.

그의 말처럼 내가 찾던 책들을 그곳에서 찾을 수 있었고, 몇 권의 흥미로운 책들도 손에 넣을 수 있었다. 리처드 브로티건*, 앨런 긴스버그**, 윌리엄 브로우즈*** 등이 쓴 책들을 찾아들고 카운터로 가니 그가 물었다.

"책은 찾았나요?"

"네. 여긴 책이 참 많네요. 정리도 잘 되어 있구요."

내 칭찬을 들은 그는 기분이 좋아졌는지 내가 고른 책들을 한번 살펴보았다.

"운이 좋군요. 절판된 책들이라 찾는 사람들이 몇몇 있었을 텐데."

그러면서 내게 그 책들을 모두 살 거냐고 물었다.

난 미안한 표정으로 말했다.

"모두 사지는 못할 것 같아요. 여긴 몇 시에 문을 닫죠? 괜찮다면 책을 좀 살펴보고 나서 사고 싶은데."

그래도 좋다는 말을 듣고 테이블에 앉아 한동안 책들을 살펴보았다. 가게 안은 차가운 바다 깊숙이 침몰한 타이타닉 호처럼 평화로웠다. 오직 그와 나만이 그 침묵의 공간에서 숨을 쉬는 작은 물고기들 같았다.

책에 집중하고 있는 사이 그가 커피를 내왔다.

난 평소 커피를 마시지 않지만 그의 호의를 거절하고 싶지 않았다.

그는 내 옆에 놓인 책을 한 권 집어들며 말했다.

"이 책, 참 좋은 책이에요. 하지만 이제는 몇십 년째 출판조차 되지 않고 있어요. 출판사 놈들은 뭘 하는지…… 아마 이대로 가다간 십년도 안 걸려서 이 책의 존재가 세상에서 사라지고 말 거예요. 그런데 한국에도 이 작가의 책이 출판되었나요?"

난 그에게 오래전 학교 도서관에서 그 작가의 책을 발견했는데 그 책 역시 절판되었을 거라고 설명했다. 그러자 그가 다시 물었다.

"이 작가 유명해요?"

"유명했다면 절판되거나 하진 않았겠죠. 그렇게 유명하진 않은 것 같아요."

자신이 없어 말끝을 흐리는 사이 그가 커피를 홀짝였다.

"근데, 여기 있는 책들은 어디서 오는 거죠?"

"그거 알아요? 지금 우리는 아무도 책을 읽지 않는 시대에 살아요. 그렇기 때문에 책을 구하는 일은 생각보다 아주 간단해요. 우선 이 책이 더는 필요 없는 사람들의 창고에서 가져오거나 일주일에 한 번씩 다른 도시로 가서 사오기도 하죠. 정말 책을 구하는 건 어렵지 않아요. 오히려 책을 팔려는 사람들이 너무 많은 게 문제죠. 사람들은 아무도 책 따위에 관심이 없어요. 그 이유는 당신도 잘 알잖아요. 책을 가지고 있으면 다들 무거운 짐이라고 생각해요. 그래서 요즘은 얼마 안 되는 책들도 누구나 팔기를 원하죠. 덕분에 난 가끔 내가 생각해도 말이 안 되는 싼 값에 희귀한 책들을 손에 넣곤 하죠. 내게 책을 판 바보들은 그 책의 가치를 몰라요. 그저 적당한 가격에 넘기면서 돈도 챙기고 짐도 줄어든다고만 생각하죠. 어쩌면 책들도 어디선가 그냥 썩기보다 누군가 자기를 읽어주는 사람에게 가는 게 더 좋은 운명이겠죠."

그는 책을 살아 숨쉬는 생명체처럼 여기고 있었다.

나는 그 '무거운 짐'들을 몇 권 챙겨 돌아왔다. 그 책들을 꼭 한번 읽어보고 싶기도 했지만, 그가 몇 년쯤 더 그 책방을 지켜주었으면 하는 마음으로.

Richard Brautigan (1935-1984) 생태주의 소설의 원조로 불리는 미국의 소아넌시 로세계 문단의 주목을 받았다. 뮤머와 로맨스의 사연을 사랑했던 시인으로 헤밍웨이처럼 권총 자살로 생을 마감했다.

Allen Ginsberg (1926-1997) 1960년대 초 히피들의 대부가 된 미국의 시인. 물질주의를 반대하는 비트운동의 대표적인 작가로 반전과 같은 정치적인 문제들 시로 표현했다. 대표작으로 장시 《하부짖음(Howl)》이 있다. 친구인 왕기수 밥 딜런의 음악에 많은 영향을 끼쳤으며 영화 《굿 윌 헌팅》은 바로 긴스버그의 윌리엄 버로우에게 바치는 오머주라고 한다.

William Burroughs (1914-1997) 1950-60년대 문학계에서 많은 찬사를 받은 소설가. 마약과 같은 약물에 대한 자신의 경험담을 써서 화제를 모았지만 책이 판매 금지를 당하기도 했다.

두고 온 물건들

New Orleans, Louisiana

뉴올리언스 호스텔에서 체크아웃을 할 때, 60년대 복고스타일로 콧수염을 멋지게 기른 매니저가 떠나는 내게 빠뜨린 물건이 없는지 다시 한번 확인하라고 했다. 난 아마도 다 챙겼을 거라고 말했다.

그는 내게 모든 사람들이 그렇게 말하지만 결국엔 꼭 물건을 빠뜨리고 간다며 그들이 한심스럽다는 듯 데스크 바로 옆에 있는 창고 문을 열어 그 안을 보여주었다. 그 작은 창고는 정말 세상 모든 물건들로 미어터질 것만 같았다. 매니저가 내게 말했다.

"만약 너까지 뭔가를 두고 간다면 내 방 한쪽 구석에 선반 하나를 더 만들어야 할 거야."

그 안에는 세계 각국의 여행자들이 가지고 온 책이나 옷가지들, 그리고 왜 이런 걸 두고 갔을까 의심스러운 낡은 어쿠스틱 기타, 자전거, 트렁크, 카세트, 휠체어까지 없는 게 없었다. 그는 내게 다시 한번 강조했다.

"이게 그동안 여기 머문 사람들이 두고 간 물건들이야. 이제 여긴 더는 자리가 없으니까, 알았지?"

난 그의 말을 듣고 다시 방으로 돌아가 침대 밑까지 살피며 혹시 내가 흘린 물건이 있는지 확인했다. 역시 아무것도 없었다. 난 매니저에게 빠뜨린 물건 없이 다 챙겼으니 걱정 말라며 그곳을 떠났다.

며칠 뒤, 내가 읽던 책이 보이지 않는다는 걸 알았다. 분명 가방 어딘가에 있을 거라고 생각했는데 아무리 찾아도 없었다.
가만 앉아서 곰곰이 생각해보니 그 책을 읽다가 뉴올리언스 호스텔 주방에 두고 왔다는 사실이 기억났다. 순간 왜 그렇게 창피한지 귀가 빨개지며 심장이 두근거리기까지 했다.
아마 콧수염을 멋지게 기른 그 매니저는 내 책을 창고에 넣으며 "정신 빠진 놈을 또 봤군!" 하고 욕했을 게 뻔하다. 그리고 지금쯤 체크아웃을 하는 또 다른 여행자에게 창고를 보여주며 이렇게 말하고 있을지도 모른다.
"두고 가는 물건이 없는지 잘 확인하시오. 여긴 더는 자리가 없으니까."

고백적인 여행

결국 내가 미국 대륙을 여행하기로 결정했을 때 주변 사람들의 반응은 그저 그랬다. 오히려 "왜 하필 거기야?", "거기보다 좋은 곳도 많잖아"라고 하며 나의 결정을 참견했다. 나도 친구들의 마음을 모르진 않는다.

내가 가기로 한 그곳은 너무나 유명해서 설사 진짜 가보지 않더라도 대부분의 것들을 짐작할 수 있는 곳이었다. 하지만 그곳에는 앨런 긴스버그도 살았고 잭 케루악도 살았다. 그리고 리처드 브로티건, 커트 보네커트, 밥 딜런, 마그네틱 필즈, 톰 웨이츠, 제프 버클리, 게리 스나이더 등 어렸을 때부터 날 흥분시켰던 수많은 나의 영웅들이 살았고 지금도 살고 있는 곳이었다.

그 사실 하나로만으로도 그곳은 충분히 가치가 있었다. 그래서 아주 오래전부터 언젠가 내게 충분한 시간과 부족하지 않을 만큼의 돈이 있다면 한번은 가봐야겠다고 생각하고 있던 곳이었다.

난 정말 보고 싶었다. 그리고 걷고 싶었다. 내가 좋아했던 그들이 보았을 풍경들과 그들이 무언가를 생각하며 걸었던 길을 그들의 눈을 빌려 꼭 한번 확인하고 싶었다. 나도 그들처럼 뭔가를 보게 된다면, 그들처럼 나도 뭔가가 될 수 있으리라는 꿍꿍이가 있었는지도 모른다.

어느 날 내가 방송국에서 잘렸을 때, 난 모든 걸 미뤄두고 도망치듯 내 인생에서 가장 긴 여행, 아니 순례를 떠났다.

바로 그 여정을 통해 마치 지층처럼 켜켜이 쌓인 지극히 개인적인 감상을 기록할 것이고, 지극히 개인적인 이야기들을 따라 여행할 것이다.
어쩌면 혼자 조용히, 수도 없는 고백을 할지도 모른다.
아무튼 그 이상도 그 이하도 아닌 여행을 떠날 것이다.

* Jack Kerouac (1922-1969) 1900년대에 등장한 새로운 젊은이들의 문화인 비트세대(Beat Generation)를 만든 장본인으로 경험을 통해 사실적으로 글을 쓰는 작가였다. 미국을 횡단하면서 자신의 경험을 토대로 쓴 『On the road』로 지금까지 많은 사랑을 받고 있다.

* Kurt Vonnegut (1922-2006) 『제5도살장』, 『고양이의 요람』 등 열아홉 편의 소설을 베스트셀러로 만들어낸 작가로서 특히 탄생이나 종말, 이념 그리고 과학 같은 묵직한 주제들을 재미있으면서도 이름답게 표현했다.

* Bob Dylan (1941-) 따뜻한 어쿠스틱 포크와 강한 전자 기타로 연주하는 록, 얼핏 안 어울릴 것만 같은 장르의 음악들을 하나로 접목시킨 최초의 뮤지션. 수없이 많은 히트곡을 발표했고 수없이 많은 공연을 지금도 왕성하게 계속하고 있다.

* Magnetic Fields 모던락이고 애수어린 음악과는 사뭇 다르게 까다롭고 성질 더러운 것으로 소문이 자자한 스테판 메릿(Stephin Merritt)의 원 맨 프로젝트 밴드. 십여 년 넘게 미국 일부의 청춘들에게만 사랑받았던 마그네틱 필즈는 1999년 『69 love songs』을 발표하면서 지금은 공연만 하면 5분 만에 전회 매진을 기록하는 대표 밴드가 되었다.

* Tom Waits (1947-) 외모로 보면 바늘로 찔러도 피 한방울 나오지 않을 것만 같은 이수나 거칠 광시로 보이지만 무대에서 피아노 치면서 노래 부르는 모습을 보면 세상에서 가장 애잔하게 보이는 미국 뮤지션이다. 뮤지션이 되기 전에는 트럭 운전사, 주방 보조 등 다양한 직업을 전전했다. 클럽에서 도어맨으로 일할 때 언니가 끝난 뒤 혼자 피아노를 치면서 노래 부르는 모습이 포크 뮤지션 팀 버클리(Tim Buckley)의 눈에 띄어 뮤지션이 되었다.

* Gary Snyder (1930-) 젊은 시절 미국 문학을 이끌었던 친 구들을 보내고 유일하게 생존한 시인. 생태 시인으로 유명하며 일본에서 선불교를 십년간 공부하기도 했다. 지금도 대학에서 강의를 하고 시을 쓰고 있으며, 아픈 부인을 간호하며 캘리포니아 북쪽에서 살고 있다.

운명처럼

Chicago, Illinois

시카고에 도착했을 때, 한낮의 더위로 뜨거워진 거리는 미시간 호수에서 불어오는 바람에 슬그머니 식어가고 있었다. 싸구려 모텔에 짐을 풀고 나서 나는 문 닫힌 상점가를 지나 도심으로 연결되는 중심도로를 따라 정처 없이 걷고 있었다.

그때 어디선가 희미하게 들리는 음악 소리가 시카고의 밤공기를 흔들고 있었다. 나는 음악 소리가 나는 곳을 향해 발길을 돌려 불 켜진 레코드 가게를 찾았다. 영업이 곧 끝날 시간이라 그런지 가게 안은 손님이 별로 없었다.
문 닫을 준비를 하는 점원들만 분주하게 움직이는 매장 안을 여기저기 기웃거리면서 나는 CD를 구경했다. 그때 갑자기 매장 안에 서프잔 스티븐스(Sufjan Stevens)의 「Chicago」가 흘러나왔다. 마치 내가 시카고에 입성하기를 기다렸다가 내가 들어오자마자 누군가가 일부러 틀어준 것처럼.

난 가만히 서서 휑한 매장 안에 울려 퍼지는, 고풍스럽지만 왠지 애수 어린 노래를 듣고 있었다. 그때 그녀가 내게 다가와 찾는 게 있냐고 물었다.

난 손가락으로 공중을 가리키며 지금 나오는 노래가 서프잔 스티븐스의 「Chicago」가 맞냐고 물었다. 그녀가 대답 대신 말했다.

"이 앨범 너무 좋지?"

난 시카고에 도착한 첫날 「Chicago」를 들으니 왠지 기분이 이상하다고 말했다. 그녀는 갈색 뒷머리를 고무줄로 질끈 묶으며 농담처럼 말했다.

"아마도 널 위해서!"

우리는 서로 인사를 나눴다. 그녀의 이름은 제니. 유난히 하얗고 빛나는 피부를 가진 제니는 그보다도 더 빛나는 미소를 가지고 있었다. 여행자냐고 묻는 그녀에게 시카고까지의 여정을 들려주었다.

제니는 눈을 크게 뜨고 말했다.

"정말? 정말 미쳤군!"

그녀는 머지않은 미래에 자기도 나처럼 미국을 자동차로 횡단하고 싶다며 이것저것 물어왔다. 그때 다른 점원이 제니를 불렀다. 그녀는 이제 문을 닫을 시간이라며 악수를 하고는 일을 보러 갔다. 그리고 문을 열고 나가려는 내게 재미있는 여행이 되길 바란다며 손을 흔들었다.

모텔로 돌아와 잠들기 전까지 이제까지 한 번도 와본 적 없는 이 낯선 도시에서 우연히 알게 된 그녀에 대해서 한참을 생각했다. 그 생각 때문인지 참 오랜만에 여행 중의 외로움도 잊은 채 깊이 잠들 수 있었다.

다음날, 늦게까지 자고 일어나 시카고 시내를 여기저기 돌아다녔다.

책에서 읽은 것처럼 시카고에는 근사한 건축물들이 많았고 사람들도 다른 도시들에 비해 친절하고 활기 차 보였다. 이렇게 시내를 하루 종일 걸어다니면서도 순간순간 간밤에 잠깐 이야기를 나눈 그녀를 생각했다. 또 만나고 싶었고 또 이야기하고 싶었다.

하지만 다시 찾아가서 말을 건네면 날 이상한 사람으로 볼 것 같아 차마 용기가 나질 않았다. 그러다가 마침내 마지막으로 한번 슬쩍 가보자는 결심이 섰다. 그녀가 일하는 레코드 가게 근처를 한참 서성이다가 용기를 내서 안으로 들어가 음반을 둘러보는 척했다. 어느새 그녀가 내 옆으로 다가와 아는 척을 했다.

"오늘은 어딜 다녀왔어? 걷기에는 좀 덥지 않았어?"

난 먼저 말을 걸어준 그녀가 너무 고마워 나도 모르게 큰 소리로 내가 갔던 곳들을 늘어놓으며, 시카고는 정말 좋은 도시라고 말했다.

"정말 그렇지? 시카고는 뉴욕과 LA의 좋은 점을 반반씩 섞어놓은 도시 같거든. 나도 한번 와보고 대번에 시카고를 사랑하게 됐어. 분명 너도 좋아하게 될 거야."

이쯤에서 필요한 건 용기였다. 큰 것도 아니라 그냥 토스트 한 입을 씩씩하게 베어 물 정노의 용기.

"이상하게 생각할지 모르지만 괜찮다면 너랑 이야기를 나누고 싶어. 오늘 일 끝나고 시간 있어?"

그 말에 대한 그녀의 대답은 착했다.

"하나도 이상해 보이지 않아. 이따가 열시에 끝나는데 그 이후가 좋겠지?"

그녀는 내게 자기 전화번호를 알려주었다.

토스트 한 입만큼의 용기가 통하는 날, 그날이 바로 오늘이었다.

난 그녀가 끝나는 시간에 맞춰 가게 앞에서 기다리겠다고 말하고는 숙소로 돌아왔다. 샤워도 하고 새 옷으로 갈아입어야 했으니까. 모든 준비를 마치고 시계를 보니 아직도 다섯 시간이나 남아 있었다.

내 입에선 나도 모르는 사이 노래인지 신음인지 모를 소리가 흘러나왔다. 뭐가 그렇게 신났는지 모르지만.

일을 끝낸 제니를 만났을 때, 우리가 갈 만한 곳은 모두 문이 닫혀 있었다. 눈에 띄는 편의점에서 망고주스 두 개를 산 뒤 주변에 있는 불 꺼진 건물 계단에 앉아서 음악 이야기며 가족 이야기, 그리고 미래에 대한 꿈 이야기를 나누고 또 나눴다. 집으로 돌아가기 위해 계단에서 일어났을 땐 하얀 안개가 공기 중에 섞여 있었다. 그녀에게 시간을 내줘서 고맙다고 하자, 그녀는 버릇처럼 내 어깨를 툭 치면서 자기도 참 재미있었다고 말했다.
그리고 그녀는 빨간 자전거를 타고 안개 속으로 사라졌다.

난 모텔로 돌아와 제니에게 문자 메시지를 보냈다.
─ 참 즐거운 시간이었어. 아마 오래 잊지 못할 거야.
얼마 안 돼 제니에게서 답장이 왔다.
─ `나도 즐거웠어. 그런데 시카고는 언제 떠나? 시간 나면 또 보자!
또 보자고? 난 그녀가 보낸 답장을 읽고 또 읽으며 이제 막 연애를 시작하는 사람처럼 설레는 마음으로 답장을 보냈다.
─ 난 이틀 정도 더 머물 예정이야. 그래 우리 또 보자. 언제 볼까?
─ 내일도 열시에 끝나. 모레는 쉬는 날이고. 괜찮다면 내일 일 끝나고 볼래?
─ 문제없어. 그럼 오늘처럼 그 앞에서 기다릴게.
여행을 하면서 그렇게 외롭지 않은 밤은 처음이었다.
낯선 도시에서 누군가 만날 사람이 있다는 게, 그 사람으로부터 내 감정에 대한 답장을 받을 수 있다는 게 몹시 행복했다.

바람처럼

Chicago, Illinois

우리는 다음날 다시 만났다. 역시 늦은 시간이어서 전날 밤처럼 문을 연 곳이 없었다. 그녀는 한참을 생각하더니 자기 집으로 가자고 했다.

"늦은 시간인데 괜찮겠어?"

그녀는 역시 내 어깨를 툭 치면서 혼자 사니까 괜찮다며 자기 집에 가서 음악도 듣고 먹을 것도 만들어 먹자고 했다. 난 제니의 자전거 뒤에 타고 이십 분 거리에 있는 그녀의 집으로 향했다. 가는 길에 밤하늘을 너무 많이 올려다본 탓인지 약간 울렁거렸다.

적당한 크기의 방 하나와 조그만 주방과 화장실이 네모난 공간에 배치되어 있었다. 방에는 빨간 소파와 침대, 그리고 나무책상이 있었다.

그녀는 내게 소파에 앉으라고 하고는 음악을 틀고 주방에 가서 차를 내왔다. 제니가 예전 남자친구 이야기를 들려주었을 때 나도 예전 여자친구 이야기로 화답했다. 제니와 대화를 나눌수록 난 그녀가 마음에 들었다.

그녀가 세 번째로 우린차 물을 끓이니 있을 때 난 그녀에게 밀했다.

"여행을 하면서 뭔가(something)가 있을 거라고 생각했어. 그런데 그 뭔가가 이 뭔가일 줄은 몰랐지."

제니는 차를 내리느라 내게 등을 보이며 말했다.

"그래, 여행자는 뭔가를 찾게 돼 있지. 그게 나라고 생각해주면 고맙고."

나는 조금 용기를 내어 말을 이었다.

"그런데 제니, 그거 알아? 정말 우리에게 시간이 별로 없다는 거. 우리에게 시간이 더 있다면 좋을 텐데."

제니가 내 앞에 놓인 찻잔을 채워주었다. 그러고 나서 우리는 한동안 침묵했다. 난 머릿속으로 내가 떠날 날을 다시 한번 세어보았다. 제니가 무슨 생각을 했는지 알 수 없지만, 아마 그녀 역시 나와 같은 생각을 하고 있었을 것이다.

한참 뒤 제니가 내게 말했다.

"내일은 쉬는 날이니까 관광객들에겐 안 알려진 내가 사랑하는 시카고를 보여주겠어."

난 웃으며 말했다.

"그랬다가 너처럼 시카고를 사랑하게 돼서 여행도 그만두고 여기서 살고 싶어지면 어떡하지?"

"그럼 좋지. 우리가 볼 수 있는 시간이 더 많아질 테니깐. 그렇게 되면 집을 구할 때까지 우리 집에 머물러도 좋아!"

그녀는 다시 한번 내 어깨를 쳤다.

제발 어깨 좀 그만 쳤으면.

내 어깨를 칠 때마다 그 자리에 네 자국이 남는 것 같단 말이야.

그리고 내 어깨를 툭 칠 때마다 네가 더 좋아진단 말이야.

결국 그날 밤, 너무 늦어서 모텔로 돌아가지 못하고 그녀가 내준 소파에서 잠을 잤다.

다음날, 우린 그녀가 좋아하는 시카고를 하루 종일 돌아다녔다. 그녀가 좋아하는 카페에서 차를 마시고 식사를 하고 또 쉬지 않고 이야기를 나눴다. 우리의 행동에는 머뭇거림이 없었다. 말도 빨랐으며 걸음걸이도 빨랐다. 왜냐하면 우리에게는 같이 있을 시간이 하루밖에 없다는 걸 서로가 잘 알고 있었기 때문이다. 우리는 정해진 시간 안에 가능한 한 많은 것을 함께 하고 싶어 모든 걸 빨리 했다. 마치 시간을 물리적으로 잡을 수 있다고 생각하는 공부 못하는 아이들처럼. 하지만 우리가 느끼는 지금 이 감정이 아직 사랑이 아니라는 것만은 정확히 알고자 했다.

만약 우리에게 시간이 조금 더 있었다면 우리는 그 이후의 일들을 생각하지 않았을지도 모른다. 하지만 우린 서로에게 애써 어른인 척하고 있었던 건 아닐까. 두꺼운 책 한 권쯤 되는 이 상황을 깊이는 말고 겉으로만 읽자고 서로에게 당부하고 있었던 건 아니었을까.

우리는 낯설지만 사랑스러운 시카고라는 도시에서, 오랫동안 혼자였던 자신들을 사랑하고 위로하듯 만났던 것만은 분명했다.

제니는 시카고를 떠나기 전에 내가 레코드 가게에 잠시 들르길 원했다.

드디어 시카고를 떠나는 날, 난 짐을 차에 싣고 제니가 일하는 가게로 갔다. 계산대에 서 있던 제니가 나를 보고는 다른 점원에게 자리를 맡기고 다가왔다.

우리는 한동안 서로를 멍하니 바라보고 있었다.

난 손을 내밀어 제니와 악수했고 제니는 나를 꼭 안아주었다.

제니가 내게 CD 한 장을 내밀었다.

그곳에 처음 갔던 밤, 그녀가 허공을 향해 틀어두었던 그 앨범이었다.

그녀가 건네는 앨범을 받아드는 손등 위로 빗방울이 한 방울 떨어졌다.

이건 또 뭐란 말인가.

몸을 돌려 무거운 걸음으로 차로 향하는 나에게 그녀가 소리쳤다.

"비 온다. 우산 빌려줄까?"

빌려주다니.

그럼 우산을 돌려주기 위해 시카고에 다시 와야 한단 말인가.

나는 허공에 손을 뻗어 자동우산을 펼치는 시늉을 했다.

그러고는 멋쩍게 웃어보였다.

우리가 조급해하며 빠르게 말하고 빠른 걸음으로 여기저기 뛰어다녔던
시카고의 어느 여름밤들, 우리가 좀더 미치지 못했던 그 여름밤들은
아직도 내 자동우산 속에 보관되어 있다.
펼치면 보이고, 접으면 안 보이는.

Chicago

I fell in love again
all things go, all things go
drove to Chicago
all things know, all things know
We sold our clothes to the state
I don't mind, I don't mind
I made a lot of mistakes
in my mind, in my mind

You came to take us
all things go, all things go
to recreate us
all things grow, all things grow
We had our mindset
(I made a lot of mistakes)
all things know, all things know
(I made a lot of mistakes)
You had to find it
(I made a lot of mistakes)
all things go, all things go
(I made a lot of mistakes)

난 다시 사랑에 빠졌어
그리고 모든 건 사라졌어
시카고로 차로 몰았지
모든 걸 알고 있어
우린 우리의 옷 그리고 모든 것을 팔았어
하지만 난 아무래도 좋아
난 이미 내 마음속에서 많은 실수를 저질렀으니까

넌 우릴 데리러 왔어
우릴 다시 만들기 위해서
모든 건 성장하지
우린 우리의 사고방식이 있었지
(난 많은 실수를 저질렀지)
모든 걸 알고 있지
(난 많은 실수를 저질렀지)
넌 그걸 찾아야 했지
(난 많은 실수를 저질렀지)
모든 게 부질없어
(난 많은 실수를 저질렀지).

여행 중에 맞은 서른 번째 생일

Omaha, Nebraska

칭찬받는 것이 좋았다.
음악을 조금 안다는 말을 들었을 때나
어려 보인다는 말을 들었을 때,
보기보단 내가 따뜻하다는 말을 들었을 때가 좋았다.

나는 예민하지만 예민한 것도 좋았다.
뭔가 잘 잊어버리는 습관도 좋았다.
마음을 어떻게 먹느냐에 따라서 황홀한 상태에 놓일 수 있다는 것도 좋았다.

무엇이든 즐길 준비가 된 듯한 오후의 냄새도 좋았다.
한국에 있을 땐 미국시간으로,
미국에 있을 땐 한국시간으로 지내는 어리버리한 생활습관도 좋았다.
내가 가지지 못한 것도 좋았다.
내가 이제까지 말로만 떠벌렸던 꿈들도 좋았다.
네가 나와 같은 책을 읽지 않아도 좋았다.

우리가 못할 건 아무것도 없다는 사실도 좋았다.
내 인생이 한번 시작된 이후로 자꾸 얇아지고 얇아져
금세 부서질 것 같아도 좋았다.

또 좋은 인생인지 나쁜 인생인지 판단하지 않아도 돼서 좋았다.
질보다는 양이 많은 게 좋았다.
손가락 사이로 빠져나가는 것들을 즐기 않아도 돼서 좋았다.

이 모든 것들이 쌓이고 쌓여 어느덧 내가
서른이 되었다는 사실이 지금은 좋다.

그러니 서른 이후에는 좋은 일들만,
좋은 예감들만.

서른 이후엔 조금만 특별했으면 하는 거다.

기억해

사람이 사람을 기억하는 방법은 여러 가지가 있을 수 있다.

첫째, 사진을 본다.
둘째, 그 사람과의 추억이 깃든 물건을 만지작거린다.
셋째, 그 사람과 함께 듣던 음악을 듣는다.
넷째, 그 사람이 좋아했던 차를 한 잔 마신다. 또는 두 잔.
다섯째, 그 사람이 좋아했던 옷을 입어본다.
여섯째, 예전에 주고받은 메일을 읽는다.

넌 그 집에 십오년 동안 살면서 수없이 많은 룸메이트가 있었다고 했다.
길게는 몇 년, 짧게는 몇 주, 많은 사람들이 너의 집에 머물다 갔다고 했다.
넌 그 집에 머무는 건 언제나 너뿐이라고 했다.

내가 너의 집에 머물게 되었을 때, 난 네게 궁금한 게 있었다.
"그렇게 많은 사람들을 어떻게 기억해?"

이 어이없는 질문에 넌 나를 부엌으로 데려가 낡은 냉장고를 보여주었다.

지금은 아무도 사용하지 않을 것처럼 낡고 무식하게 크기만 한 냉장고가 부엌 한쪽에 광개토대왕릉비처럼 자리 잡고 있었다. 그건 너무 커서 부엌 한쪽을 다 차지하고도 모자란 듯 보였다.
난 놀랐다. 냉장고 옆면에 스티커들이 빼곡히 붙어 있는데 그 종류도 정말 다양했다. 광고 스티커에서 밴드 스티커까지……

그 냉장고가 이 집에서 머문 사람들을 기억하는 단서라고 했다.
넌 색 바랜 스티커 한 장을 가리키며 이 집에서 처음 같이 산 스티브가 붙이고 간 거라고 했다. 스티브는 지금 그의 고향 포틀랜드로 돌아가 결혼해서 살고 있다며. 또 다른 스티커를 가리키며 다른 친구의 이름과 그에 관한 이야기를 했다. 그렇게 넌 이 집에 살았던 친구들을, 사람들을 냉장고에 붙여진 스티커를 통해 기억하고 있었다.

"모두들 저마다 달랐어. 우린 원래 다들 다르게 생겨먹었잖아. 하지만 모두 비슷하기도 했어. 그 이유는 나랑 살기 때문이었지. 고맙게도, 스티브가 처음 여기에 스티커를 붙인 뒤로 이 집에 머무는 사람들이 모두 자기들의 스티커를 하나씩 붙이기 시작했어. 언제부턴가 난 그것들을 보면서 그들을 한 사람 한 사람 기억하게 되었고. 그동안 살아오면서 많은 것을 버리고 새로 샀지만 이 냉장고만큼은 새것으로 바꿀 수가 없더라. 혹시 친구들의 이름을 잊을까 봐."

넌 냉장고에 붙여진 스티커를 소중하게 쓰다듬으며 말했다.
"생선, 너도 떠나기 전에 내가 널 기억할 수 있는 스티커를 하나 붙이고 가. 잊지 말고! 만약 네가 스티커 붙이는 걸 잊는다면 나도 널 잊을지 몰라."
난 네게 물었다.
"어떤 스티커를 붙여야 네가 날 오랫동안 기억할 수 있을까?"
"그건 천천히 생각해. 어차피 넌 긴 여행이 끝나면 다시 이 집으로 돌아올 테니까 그때까지 잘 생각해봐."

난 다시 여행을 떠났지만 한동안 그 스티커에 대해서 잊고 지냈다. 그러다 66번 도로를 타면 만나게 되는 어느 작은 마을의 기념품점에서 'Route 66' 스티커를 보고 그 냉장고가 떠올랐다.
그걸 사가지고 나오다 뭔가를 잊은 사람처럼 나는 다시 가게로 들어가 또 한 장을 샀다. 한 장은 친구와 그의 냉장고를 위해서, 그리고 또 한 장은 나의 냉장고를 위해서.

수백만 마리 반딧불이

Nebraska

뉴욕에서 다시 서부로 돌아갈 때는 새벽이나 해가 진 다음에 운전을 해야
했어. 왜냐하면 태양은 동쪽에서 떠서 서쪽으로 지잖아.

눈이 부신 걸 피하기 위해서 해가 서쪽 하늘에 떠 있는 시간은 피해야 했거든.
네브래스카의 작은 마을 주유소에 만난 동네 아저씨가 지금 가면 햇빛 때문
에 운전하기 힘드니 해가 진 다음에 가라고 하셨어.

햇빛을 피하는 건 당장 고마운 일이지만 밤이 되면 운전이 두 배로 고되더군.
하지만 미국 여행 중에 가장 멋진 풍경 하나를 꼽으라고 한다면 난 주저 없
이 그 장면을 말해줄 거야. 이제까지 한 번도 본 적 없는 그 광경을.

그건 처음엔 작고 희미한 불빛들이었어. 자세히 보지 않으면 그게 빛인지도
모르고 지나칠 만큼 연약했지. 하지만 일단 눈에 보이기 시작한 다음에는
그것들이 내가 달리고 있는 도로 위를 따라 서서히 반짝이고 있다는 사실을
알아차렸어. 처음엔 그게 뭔지 몰랐어. 그 불빛들 중 하나가 창문에 부딪치
는 바람에 그게 뭔지 알게 되었지.

작은 날벌레였어. 나의 기억 속에서 이미 잊혀진 반딧불이라는 벌레. 눈을 돌려 양 옆의 길가를 바라보니 꽤 많은 불빛들이 보였어. 난 차를 도로에 세우고 내려서 주변을 둘러보다가 작은 언덕 위를 한달음에 뛰어올라갔어. 그리고 그걸 보고야 만 거지. 끝없이 펼쳐진 옥수수밭 위로 수백만 마리 반딧불이들이 밤하늘의 별처럼 빛나고 있는 광경을.

숨막히는 광경이었어. 조금 전까지 내 머릿속을 가득 채웠던 온갖 상념들을 말끔히 날려버리고도 남을 정도로. 눈이 따가운 햇빛을 피하려다 그 눈부신 불빛을 본 거야. 은하수가 그리 눈물겹도록 장엄할까.

떨리더라. 온몸이 와들와들.

그 순간 누군가에게 전화를 해서 이 모든 걸 이야기해주고 싶었는데, 바보처럼 그 누구의 번호도 생각나지 않는 거야. 물론 전화가 된다고 해도 그걸 잘 설명할 수도 없을뿐더러, 내가 외롭다 못해 농담이나 거짓말을 한다고 생각할 수도 있거든.

그저 한 손에 휴대폰을 쥐고 멍하니 멍하니 멍하니 수백만 마리 반딧불이들이 만들어내는 장관을 보고 또 봤지. 이 모든 걸 기억하겠다는 게 아니라 이 모든 걸 고스란히 잊지 않겠다는 듯 말이지.

제프

Denver, Colorado

덴버 외곽의 허름한 호스텔에는 나 말고도 다섯 명의 여행자가 묵고 있었다. 우린 잘 어울렸고 여기저기 같이 놀러 다니기도 했지만 그중 우리와 어울리지 않고 언제나 혼자 다니는 녀석이 있었다. 이런 경우 당연히 다수의 힘이 작용하게 마련이니, 모두들 입을 모아 혼자 다니는 그를 '이상한 녀석'이라고 했다. 그곳을 떠나기 전날 밤, 나는 별을 보기 위해 사층 옥상에 혼자 올라갔다. 옥상에는 별 대신 보름달이 떠 있었다. 불어오는 바람을 등지고 담배에 불을 붙이려고 몇 번을 시도했지만 좀처럼 불이 붙지 않았다.

그때 며칠 동안 인사 한 번 한 적 없는 그가 다가와 내 옆에 서서 바람을 막아준 덕분에 담배에 불을 붙일 수 있었다.

그가 뜬금없이 내게 물었다.

"이 바람이 어디서 불어오는지 알아?"

"이 바람이 어디서 불어오는지에 대해 아무 생각이 없는데. 잘 모르겠어."

"로키 산맥! 록키 발보아가 아니고 미국에서 가장 유명한 로.키.산.맥."

그제야 난 이 도시 바로 옆에 로키 산맥이 있다는 사실을 기억해냈다.

"그렇군. 깜빡 잊고 있었네."

그가 내 옆으로 와서 손을 내밀었다.

"난 제프야. 워싱턴 올림피아에서 왔어."

그가 다시 난간 밖으로 아슬아슬하게 뜬 보름달을 바라보며 말했다.

"보름달도 보이고 참 아름다운 밤이지? 달이 단단하게 잘 익은 사과 같아."

두 번째 담배에 불을 붙이는 것도 제대로 되질 않자 그가 다시 바람을 막아주었다. 제프는 낮에 로키 산맥을 다녀왔다고 했다. 큰 나무들을 실컷 보고 시원하고 멋졌는데, 사람이 많아서 조금 실망스러웠다고 했다.

"왜? 사람들 많은 게 싫어?"

"싫은 건 아닌데 난 요즘 이상하게 사람들이 무서워."

이유를 물었으나 이야기하고 싶지 않으면 안 해도 된다고 말했다. 하지만 이야기를 하지 않기에는 보름달이 너무 환하게 그와 나를 비추고 있었다. 뭐든 다 쏟아놓아도 좋을 것 같은 밤이라는 생각이 들었다.

그때 제프가 입을 열더니 얼른 이야기를 꺼내지 못하는 이유가 어떻게 설명을 해야 할지 몰라서라고 했다.

"워싱턴 올림피아는 내 고향이야. 작년에 학교를 졸업하고 그곳에서 일자리를 구했어. 내가 일했던 곳은 호텔이야. 난 호텔에서 여러 회사들의 크고 작은 회의나 항공 엔지니어 학술회 같은 일을 도와주는 컨벤션 부서에서 일했지. 그런데 어느 날 상사가 나를 불러서 갔더니 그가 갑자기 날 해고했어. 별다른 이유도 말해주지 않고 말이야. 난 너무 황당해서 뭐가 문제냐고 물었지. 그는 나를 보며 내 외모와 스타일이 문제라고 했어. 나의 긴 머리와 피어싱 같은 것들이 컨벤션 부서에서는 적합하지 않다며. 그러더니 대뜸 다른 직장을 찾아보라고 하더라. 난 너무 화가 났어. 내 외모가 일하는데 뭐가 문제가 되는지 이해할 수가 없었거든. 그들이 내준 유니폼을 입고 일했는데도 말이지."

제프는 긴 머리에 헤어밴드를 하고 귀에는 크고 작은 몇 개의 피어싱을 하고 있었다. 그렇다고 해서 그가 이상하게 보인 건 절대 아니다. 오히려 그런 액세서리가 그에게 잘 어울렸다. 더군다나 여긴 다른 데도 아닌 미국이 아닌가.

"미국에서도 그런 일이 일어나?"

"아니, 미국은 오히려 다른 나라보다 앞뒤로 꽉 막힌 나라야. 해고당한 다음날, 난 워싱턴에 있는 노동부 사무실에 찾아가서 내가 겪은 일을 이야기하고 도움을 청했지. 너무 억울하고 화가 났거든."

"그래서?"

"그때부터 난 내가 일했던 호텔을 상대로 아주 길고 긴 법정 싸움을 시작했어. 그 시간은 나를 정말 지치게 만들었어. 사람들이 얼마나 추악한지, 또 얼마나 끝까지 갈 수 있는지도 알게 됐지. 결국 난 호텔 측으로부터 약간의

보상금을 받을 수 있었어. 많지 않은 돈이었어. 하지만 그건 돈 문제가 아니잖아. 난 사람들한테 질려서 이 여행을 시작했어."

이런 경우 좋은 말을 해줘야 하는데 딱히 내가 해줄 말이 없었다. 사람이 남긴 상처는 사람이 치유할 수 있다고 말해야 할지, 아니면 여행을 하면서 더 많은 사람들을 만나 그들을 이해하라고 말해야 할지 조금 난감했다. 그냥 그와 악수를 하고 그의 왼쪽 어깨에 내 왼손을 얹어 토닥토닥 해주고 헤어졌을 뿐.
그날 밤, 나는 일기장에 적었다. 옥상에서 제프에게 해주지 못한 이야기들을, 이렇게.

인생은 전쟁터라고 하잖아요.
우린 이 전쟁터를 얼마든지 아름답게 만들 수 있답니다.
아직 할 수 있는 일들에 대해서 많이 생각해요.
나는 나를 잘 볼 수 없어요.
거울에 비치는 겉모습만 볼 수 있을 뿐이에요.
숨겨진 나의 진가를 비춰볼 수 있는 거울을 찾아서 내 것으로 만들어야죠.
그리고 거울에 비친, 내가 할 수 있는 일들을 찾아 하기에요.
그러면 세상 모든 좋은 것들이 내 것이 될 거예요.

좋은 사람

Detroit, Michigan

미국은 강국이긴 하지만 선진국은 아닌 것 같다. 내가 길 위에서 단기 체류자로 바라본 미국의 인상은 그렇다. 다른 나라들에겐 환경에 대해 목소리를 높이지만 엄청난 쓰레기를 쏟아내면서도 정작 자신들은 분리수거조차 하지 않는다. 거리에는 집 없는 사람들과 대낮에도 약이나 술에 취한 많은 사람들이 좀비처럼 걸어다닌다. 비라도 내리면 거리에선 물기에 젖은 털짐승들의 냄새가 난다.

도로에는 차들이 넘쳐나고 그 차들이 내뿜는 매연으로 목이 아프다. 건물은 낡고 더럽거나 필요 이상으로 크며, 거기에 사는 사람들은 너무 바쁘거나 아니면 너무 한가하다. 인종이 다른 사람들은 서로에게 감정의 골이 깊고 서로를 싫어하거나 미워한다.

매일 밤 수백만 개의 미러볼이 어지럽게 반짝이는 가운데 관광객을 비웃고 영어 못하는 사람을 얼간이 취급한다.

그리고 여기저기 피어오르는 독한 담배 연기와 맥주 냄새.

자기가 미국인이면서도 자기 나라를 싫어하는 사람도 많다.

또 넘쳐나는 불법 이민자들 때문에 걱정하지만 아무도 그들이 하는 더럽고

힘든 일을 자신들이 직접 하겠다고 나서지 않는다. 그들은 다만 언젠가 받게 될 연금을 희망으로 믿고 살 뿐이다.

불쾌한 기억도 많고 총만 있으면 머리를 날려버리고 싶을 정도의 증오스러운 일들로 미국에 대한 환상을 지워나가고 있음에도 여전히 미국이라는 나라에 매력을 느끼는 이유는 무엇일까. 그것은 어쩌면 수산시장 쓰레기통 속처럼 종잡을 수 없는 나라에서 만난 가슴 따뜻하고 좋은 사람들 때문인지도 모른다.

그곳은 뜨거운 바깥 날씨와는 다르게 어두침침하고 무척 싸늘했다. 아니 몹시 춥다는 표현이 더 정확할 것이다. 거기에 있는 사람들 모두 그곳이 왜 그렇게 소름 돋을 만큼 서늘한지 이유를 모르고 있었다. 다만 자기 차례를 기다리며 굳은 표정으로 떨고만 있을 뿐.

내 차례가 왔을 때 제복을 입은 그가 나를 작은 방으로 안내했다. 방으로 들어가기 전에 그는 내 주머니에 있는 휴대폰이나 지갑 따위를 지퍼 백에 담으라고 지시했다. 또 혹시 일어날지 모르는 일을 대비해 나를 벽을 보게끔 세우고 양팔을 벌리게 한 다음 내 몸 이곳저곳을 수색했다. 그의 손이 내 몸에 닿을 때마다 소름이 끼쳤다. 하지만 내겐 그의 행동을 거부할 자격이 없었다.

그 방은 입구가 좁았지만 막상 문을 열고 들어가니 꽤 넓은 공간이었다. 천장에는 작은 형광등이 파랗게 방 안을 비추고 있었다. 작은 책상이 하나 있었고 컴퓨터 옆에 놓인 무전기가 쉴 새 없이 지글지글 끓는 소리를 뱉어내고 있었다. 그리고 구석에 매달린 보안 카메라가 책상 중앙을 향하고 있었다. 그 방 역시 춥긴 마찬가지였다.

그가 권하는 의자에 앉자 그도 내 맞은편에 앉았다. 예상했던 대로 그는 서늘한 입놀림으로 질문을 쏟아내기 시작했다.

"당신 이름이 동영 김입니까?"

"네."

"당신은 한국 사람입니까?"

"네."

"미국에서 벌써 칠개월이나 머물렀군요. 그동안 뭘 했습니까?"

"횡단 여행을 하고 있습니다."

"당신이 왜 이 방에 있는지 알고 있습니까?"

"글쎄요. 솔직히 잘 모르겠어요. 내가 무슨 잘못을 했나요?"

"아직 확실하지 않습니다. 몇 가지 의심나는 점이 있어서 당신을 조사하고 있습니다."

"……"

"미국에 여자친구가 있습니까?"

"아니요."

"미국에 가족이나 친척이 삽니까?"

"아니요."

"그럼 미국에 왜 왔죠?"

"여행이라니까요."

"연고지도 없이 혼자 여행을 왔습니까?"

"연고지가 없다고 여행을 못하는 건 아니잖아요."

"당신 차가 있던데 어디서 샀죠?"

"여행 출발 지점인 LA에서요."

"왜 렌트를 하지 않고 차를 샀죠?"

"제 꿈이 중고차를 사서 미국을 횡단하는 거였습니다."

"누가 당신한테 자동차를 팔았습니까? 그리고 어떻게 차를 샀죠?"

"인터넷을 통해서 샀고, 차를 판 사람 연락처가 수첩에 있을 거예요."

"당신 휴대폰도 있던데 왜 샀습니까?"

"필요해서요."

"조사해봤더니 당신 미국 은행에 계좌도 있던데 그건 왜죠?"

"긴 여행이라 현금을 가지고 다니는 것보다 은행에 돈을 넣어두고 카드를 쓰는 게 더 안전해서요. 그렇지 않겠어요?"

"질문은 하지 마십시오. 질문은 내가 하고 당신은 대답만 하면 됩니다."

"……"

"미국 비자는 어떻게 받았습니까?"

"한국에 있는 미국 대사관에서요. 삼개월 기다렸습니다."

"비자를 받는데 삼개월이 걸립니까?"

"사람마다 다르지만 대충 그 정도 걸리는 것 같아요."

"비자 받을 때 별 문제 없었습니까?"

"삼개월 기다린 것 말고는. 문제가 있었다면 아예 비자를 내주지도 않았겠죠."

"캐나다에 왜 갔습니까?"

"나이아가라 폭포는 미국에서 보는 것보다 캐나다에서 보는 게 더 좋다고 해서요."

"그런데 왜 다시 미국으로 들어오려 합니까?"

"남은 여행을 마저 하려고요."

"여행 중이라고 했죠? 그럼 당신이 여행한 경로를 말해보십시오."

"꽤 많은데. 우선 LA에서 출발해 애리조나, 뉴멕시코, 텍사스 등등 남부를

지나 테네시 주를 거쳐 버지니아 그리고 뉴욕까지 갔습니다. 그리고 지금은 다시 뉴욕에서 북미 쪽으로 여행할 계획이에요."

"그렇게 여행을 길게 하면 돈이 많이 필요할 텐데. 돈이 어디서 났죠?"

"이번 여행을 위해서 이년 동안 일하면서 돈을 모았어요."

"아깝지 않았습니까?"

"뭐가요? 여행하는 게요?"

"네."

"아뇨, 뭐. 꿈을 이루기 위해서는 당연하다고 생각합니다."

"왜 그런 계획을 하게 되었습니까?"

"어려서부터 미국 음악과 책을 좋아했어요. 그중에서 잭 케루악을 좋아해요."

"잠시만. 당신 지금 뭐라고 했습니까?"

"1950년대 작가인데 『길 위에서(On the road)』라는 책을 쓴 잭 케루악이요."

"당신이 잭 케루악의 책을 읽은 적이 있다구요?"

"네. 이번 여행을 하게 된 것도 그 영향 때문이에요. 『길 위에서』의 주인공이 갔던 길을 따라서 가는 여행이요."

"믿을 수 없군요."

"뭐가 믿을 수 없어요? 잭 케루악을? 아니면 나를?"

"아닙니다. 그럼 당신, 어떤 음악을 좋아합니까?"

"음악은 다 좋아하지만 요즘은 그레이플 데드와 스티브 밀러 밴드를 좋아해요. 운전할 때 들으면 정말 좋은 배경음악이거든요."

이쯤에서 그는 갑자기 몸에 잔뜩 매달아놓은 자물쇠 하나를 여는 것처럼 긴장을 늦췄다. 그리고 나를 바라보며 씩 웃었다.

"당신, 미국 젊은이들보다 미국 문화에 대해 더 잘 알고 있군요."

"그냥 좋아합니다. 잘 알지는 못합니다."

그 순간, 우리 사이에 팽팽했던 긴장의 끈이 봄날 눈 녹듯 슬그머니 사라졌다. 찬 공기마저 따뜻하게 느껴졌다. 그는 형식적인 질문을 몇 가지 더 했다. 그리고 마지막으로 내게 물었다.

"당신은 미국에 살고 싶습니까?"

이 질문만 통과한다면 여기서 곧 나갈 수 있을 것 같았다.

"별로 그러고 싶지는 않아요. 여행이라면 몰라도 여기서 살고 싶지는 않아요. 왜냐하면 한국에는 내 가족이 살고 내 친구들이 있으니까요."

그는 내 마지막 대답을 듣고는 오랜 시간 기다리게 해서 미안하다며 사과했다. 나는 처음의 고압적인 분위기 때문에 여전히 기분이 나아질 수 없었으므로 무심한 표정으로 그를 바라보았다.

"우리가 하는 일은 슬프게도 사람을 의심하는 겁니다. 미국에는 지금 수많은 불법 이민자가 있고, 9·11 테러 이후 우리는 외국인을 더더욱 믿지 못하게 되었습니다. 특히 많은 아시아계 불법 이민자들이 캐나다와 연결된 이 지역을 통해 미국으로 들어오고 있습니다. 그래서 우리는 당신을 의심했던 겁니다. 기분이 상했다면 다시 한번 사과하죠."

그건 그랬다. 나는 여행하면서 수많은 아시아 이민자들을 보았다. 하지만 그들에게는 뭔가 필사적인 게 있었다. 자기 나라를 떠나 낯선 미국 땅에 와서 살아보려는 목숨보다 더 분명한 이유가.

그는 국경 검문소까지 나를 배웅하면서 웬만하면 다시는 국경을 넘었다가 들어오지 말라고 충고하며 악수를 청했다. 나는 차에 시동을 걸면서 내가 떠나기를 기다리는 그에게 마지막으로 물었다.

"그런데 저 안은 왜 그렇게 추운 거죠? 에어컨이 너무 센 거 아닌가요?"

"사람들을 긴장하게 만들고 겁주기 위해서죠. 이건 비밀입니다."

그렇게 말하며 그가 한쪽 눈을 찡긋했다.

그곳, 미국과 캐나다의 국경은 그저 다리 하나를 사이에 두고 있을 뿐이다. 그 다리만 건너면 캐나다 땅이고 반대편은 미국 땅이다. 그 다리가 누구를 위한 것인지 궁금했다. 누구는 건널 수 있고 또 누구는 건널 수 없는 다리. 하지만 사람 사이에 애써 다리를 놓는다 해도 건너지 못하는 마음도 있을 거라는 생각이 들었다. 어쨌든 나는 다리 하나를 건넜다.

뉴욕에서 차를 타고 네 시간 삼십분을 달려 잭 케루악의 무덤이 있는 매사추세츠 주의 로웰이라는 작은 동네에 갔다. 먹뜩 찌푸린 하늘에서 금방이라도 비가 올 것만 같았다.

난 케루악의 무덤가에서 몇 시간을 머물며 마치 내 앞에 있는 것처럼 그에게 말을 걸었다. 당신이 나를 여기까지 오게 만들었다고. 비록 오십년도 넘어 뒤늦게 당신을 따라왔지만 내게 많은 것을 보여주고 길 위에서 좋은 사람들을 만나게 해줘서 고맙다고.

물론 그의 대답은 듣지 못했지만 그 대신 우리 사이에 물기 가득한 바람이 조용히 불어오고 있었다.

그가 자주 간다는 카페에 대해서 전해듣게 된 건 순전히 우연이었다.

브룩클린 윌리엄스버그에 있는 미용실에 머리를 자르러 갔을 때였다. 내 머리를 잘라주던 헤어드레서가 지나가는 말로 영화배우 에단 호크가 이 근처에 사는데, 몇 블록만 가면 그가 자주 가는 카페가 있다고 알려줬다. 그렇게 그곳을 알게 된 뒤로 난 일주일에 두어 번은 그 카페에 들러 브런치를 먹거나 진저에일을 마시며 언제 나타날지도 모르는 그를 스토커처럼 기다렸다. 에단 호크가 훌륭한 배우이자 좋은 작가라는 사실이 좋아서였다.

그렇게 얼마나 자주 갔을까? 카페에서 일하는 사람들이 나를 먼저 알아보고 인사를 건네기도 하고 이런저런 이야기를 주고받는 사이가 되었다. 그래서 그들에게 내가 여기 자주 오는 이유를 말해주자 피식 웃으며 조만간 만날 수 있을 거라고 귀띔해주었다. 그날도 여느 날과 다름없이 오후 세시쯤 그 카페에 도착해 진저에일과 베이글을 먹으며 책을 읽고 있었다. 이른 시간인데도 가게 안은 손님들로 테이블이 꽉 차 있었다.

그때 그가 문을 열고 들어왔다. 내가 알아채지 못한 사이에 그는 맥주를 몇 잔 마시고 거기서 만난 친구와 함께 나갔다고 했다. 난 그것도 모르고 영어 단어를 찾느라 책장에만 코를 박고 있었다.

나중에 웨이터가 와서 내게 물었다.

"만났어?"

난 이상한 예감이 드는 것과 동시에 놀라서 물었다.

"누구?"

그는 에단 호크의 이름을 대더니 내 앞쪽에 있는 바를 가리키며 조금 전까지 그가 거기에 서 있었다고 했다. 그 이야기를 들었을 때 웃음밖에 나오지 않았다. 그리고 내 자신이 딱해 보였다.

내가 왜 이렇게 얼빠진 짓을 하고 있는지 나조차도 인정할 수 없었다. 설사 그를 직접 만난다고 해도 그에게 말을 붙일 용기도 없었고, 사인을 받거나 사진을 찍고 싶지도 않았다. 다만, 내가 좋아하는 영화배우가 실제로 나와 같은 세상에 존재한다는 걸 느껴보고 싶었을 뿐이다. 실체를 보고 실감하는 것, 그게 내가 원한 전부였다.

난 에단 호크에게 보내는 짧은 편지를 써내려갔다.

당신이 영화에서 그랬던 것처럼 나도 먼 여행을 왔어.
당신의 영화나 책처럼 근사한 이야기는 아니지만
그래도 나만의 이야기를 만들기 위해서.
오늘 내 옆을 스쳐갔다는 말을 듣고 조금 아쉬웠지만,
그래도 이렇게 당신을 보기 위해 조금 노력했다는 것도 추억이 되겠지?

나는 웨이터를 불러 그가 오면 이 쪽지를 전해달라고 부탁했다. 웨이터가
쪽지를 받아들며 내게 물었다.
"그럼 이제 안 오려구? 다음에도 기회는 있어. 그는 정말 자주 오니까."
"고마워. 하지만 난 곧 떠나야 해. 그래서 당분간은 여기 올 일이 없을 것 같
아. 비록 그를 만나진 못했지만 난 아무래도 상관없어. 그냥 이런 식으로 시
간을 보낸 셋노 나쁘시 않았으니까.
웨이터는 손을 내밀어 악수를 청했다.
"아무튼 쪽지는 그에게 꼭 전할게. 행운을 빌어."

다시 배우기

여행이 길어지고 차의 주행거리가 점점 올라갈수록 많은 걸 잊어버렸다.
어쩌면 잊어버린 게 아니라 잠시 접어둔 건지도 모르지만.

떠나오기 전 내가 어땠는지를,
걱정스레 내 손을 잡아주던 친구들의 손에서 전해지던 온기를,
우습게도 한국어를,
침대 위에서 바라보던 천장의 벽지 무늬를,
집에서 홍대로 가려면 몇 개의 다리를 지나야 하는지를,
우리 집 베란다에 어떤 화분이 있었는지를,
친구들의 전화번호 열한 자리를,
내가 그렇게 좋아했던 네 미소를,
전철 요금과 내가 자주 갔던 커피하우스의 차 값을,
언젠가 한번 꼭 가보겠다고 마음먹은 샌드위치 가게의 이름을,
즐겨 연주하던 노래의 드럼 리듬을,
그리고 할머니의 얼굴을,

너무 빨리 그리고 너무 쉽게 잊어버렸다.

이곳에서는 빨리 적응하지 않으면 그 자체가 실패였으니까.

그래야 어디론가 떠날 수 있었으니까.

이렇게 많은 걸 잊어버린 동시에 새로 배워야 할 것도 많았다.

길을 물어 찾아가는 법,

사람들과 이야기하는 법,

표지판을 읽는 법,

낯선 천장 아래서 자는 법,

다른 사람에게 따지고 화내는 법,

내가 웃는 법과 남을 웃기는 법,

그리고 내가 필요한 게 뭔지 상대방에게 전달하는 법,

길을 건너는 법,

초등학교에 막 들어간 겁 많은 아이처럼 물건을 사고 값을 치르는 법까지.

처음에는 이 기초적인 모든 걸 다시 배워야 한다는 게 쉽지 않았다.

하지만 가능한 한 빨리 배워야 했고,

너무 이상할 정도로 그것들은 금방 익숙해졌다.

그러고 나니 이제 돌아갈 시간이 되었다.

그럼 이 모든 것들을 잊고 또다시 새로 배워야겠지.

하지만 이번에는 그 어느 때보다 좀더 빨리 배우게 되지 않을까?

My Word

내가 수줍게 써내려간 글들아.

지금은 그러지 못하지만 언젠가 너에게 생명을 불어넣어줄게.

그럼 온 세상 서점 가장 잘 보이는 곳에 네가 꽂혀 있을 거야.

그럼 다른 누군가는 널 읽으며 나처럼 그들만의 이야기를 만들어갈지 몰라.

그건 참 의미 있는 일이지 않을까.

내가 수줍게 써내려간 글들아.

네가 유명해져 내게 많은 인세를 가져다줘.

그럼 난 큰 집을 살 수도 있을 거야.

물론 근사한 차도 생길 거고.

모두가 널 좋아하고 다이어리처럼 널 옆구리에 끼고 다닐지도 몰라.

그건 참 생각만 해도 괜찮지 않을까.

그리고 내가 꿈에 그리던 여자를 만날지도 몰라.

네 덕분에 한 번쯤은 꼭 만나보고 싶은 사람이라는 걸 그녀도 알게 될 거야.

그녀는 내 작은 문장들 틈에서 잊고 있던 기억을 생각해내고
어쩌면 자기도 이런 생각을 했었다며 좋아할지도 몰라.
그런 그녀가 나에게 말을 걸어온다면 난 터져버릴지도 몰라.

난 널 정성스럽게 다루면서
아무도 밟지 않은 하얀 눈처럼 깨끗한 노트 위에 올려줄게.
그럼 넌 정말 근사하게 보일 거야.
물론 내 글씨가 엉망이라 가끔 나조차 몰라보긴 해도 말이지.
분명 네게는 뭔가 있어. 난 그렇게 믿어.
비록 아직은 나도, 그 아무도 그렇게 생각하지 않지만.

내가 수줍게 써내려간 글들아.
내가 지금 아무것도 못 쓰고 있고
잘 표현하지 못하고 있어도 언젠가는 분명 널 쓰게 될 거야.
그러니 조금만 기다려줘.
지금 내게는 시간이 조금 필요한 거 같아. 기다려줄래?

언젠가 이 오래된 우물 같은 깊은 구덩이에서 벗어나
내가 널 잘 쓸 수 있는 날이 오면
넌 바퀴를 달고 날개를 달고 날 유명하게 만들어줘.
그리고 사람들에게 내 이야기를 보여줘.
내겐 지금 너밖에 없으니 결국 너와 나, 우리 둘이 그 일을 해야 해.

가장 슬프거나 혹은 가장 기쁘거나

'어떤 풍경을 떠올리면 가장 슬픈 표정을 지을 수 있겠냐' 는 당신의 질문에
난 조금도 주저하지 않고 대답한다.
네브래스카를 관통해서 서부로 가는 80번 도로에서 바라본,
끝도 없이 펼쳐진 옥수수밭 위로 지는 노을이라고.
그 노을은 정말 힘겹게 그리고 정성 들여 아주 천천히 저물었다.
마치 다시는 해가 뜨지 않을 것처럼.

'어떤 풍경을 떠올리면 가장 행복한 표정을 지을 수 있겠냐' 는 다음 질문에
난 주저 없이 'Welcome to California' 라고 쓰인
파란 간판이라고 대답하겠다.
그걸로 나의 여정이 끝났기 때문이다.

나는 나에게 말을 걸어오는 그 많은 풍경들에게 일일이 대답했다.
그리고 말했다.
그 아름다운 길 위에 나를 못질해줘서,
또 나를 찬란하게 해줘서 고맙다고!

The Road
on The Music Note

이건 어느 날 내가 무작정 떠난 낯선 길에서 들었던 음악들에 관한 지극히 개인적인 이야기다.

그 음악들은 여행 처음부터 끝까지 나와 함께 있었다. 마치 영화 속 배경음악처럼 길을 시작해서 설렐 때도, 차가 퍼져서 절망하고 두려워할 때도, 낯선 도시에서 길을 잃고 헤매며 당황할 때도, 하염없이 내리는 비를 맞으며 여기저기 기웃거릴 때도, 정말이지 너무할 정도로 붉은 석양을 보며 감동할 때도, 그리고 누군가가 막연히 그리워 잠 못 드는 밤에도 음악들은 언제나 내 바로 옆 조수석에 앉아 조용히 날 위로했다.

물론 당신과 나는 취향이 다를 수도 있다.
하지만 그건 문제가 되지 않을 거라고 생각한다. 왜냐하면 어느덧 당신과 난 이 이야기가 끝나는 마지막 장까지 왔으니깐.

이중 어떤 노래들은 내가 한국을 떠나기 전 무식하게 가방 가득 채워갔던 것들 가운데 하나이고, 또 다른 노래들은 그 길 위에서 만난 누군가가 내게 거리낌없이 나눠준 것들이다. 그 덕분에 내가 다시 한국에 돌아왔을 때 내 가방은 손만 대면 터질 것만 같은 잘 익은 자두처럼 한껏 부풀어 있었다.

이제 난 가방을 열고 이 음악들을 꺼내 당신에게 들려주고 싶다. 당신도 이 음악들을 들으며 내가 길 위에서, 낯선 도시에서 느꼈던 기분과 풍경들을 소리로 느껴보기를.

이제 준비가 되었다면 이 음악들이 안내하는 길들을 따라 걷자. 길은 언제나 우리 앞에 놓여 있고, 그 길을 가는 건 우리의 진심이니깐. 그리고 언젠가 당신도 떠나보면 이런 날 이해하게 되지 않을까?

1
표류기
Camera Obscura - Lloyd, I'm Ready to Be Heartbroken

검정색 운동화의 하얀 끈을 꽉 조여 묶고, 안경 렌즈에 입김을 불어 뽀드득 소리가 나게 닦고, 가방에는 내가 좋아하는 책 한 권과 CD 플레이어를 넣어 가지고 난 길을 나설 거다.
아무런 미련도 없이, 마치 다시 돌아오지 않을 것처럼.
그리고 난 길을 걸으며 노래도 불러야지.

"이건 나의 표류기.
목적지를 잃고 나침반도 망가져 내가 어디로 가는지 모르지.
하지만 난 상관없어.
일어날 일은 일어나게 마련이고, 가고 싶은 길은 언젠가는 가게 마련이니깐."

2
나의 노래
Andrew Bird - Sovay

주변의 모든 걸 따뜻하게 어루만지듯 울려퍼지는 낡은 그의 어쿠스틱 기타가 내게 있다면, 내 품안에 들어가는 그의 바이올린을 가질 수 있다면, 그리고 내가 입술을 모으고 작은 종달새같이 휘파람 불 수 있는 그가 될 수 있다면 난 어떤 음악을 만들까?
만약 내게 그런 재주가 있다면, 비 오는 날 아침 어디선가 그 음악이 흘러나오기만 하면 직장이나 학교 가는 것을 포기하고 다시 침대로 돌아가게 만드는, 그런 노래를 만들고 싶다.

3
그런 때
Asobi Seksu - Thursday

가끔 그런 때가 있다.

시간이 더디게 흐르는 동안 내 몸 위로 먼지가 뽀얗게 쌓이고 거미줄이 쳐져 마치 과거 속의 사람이 될 것처럼 참을 수 없이 지루해질 때 말이다. 그런 때가 오면 언제 떠날지도 모를 기약 없는 여행을 준비하곤 한다. '어디로 갈까?' '그 동네엔 뭐가 있지?' '지금은 휴가철이 아니니 사람은 없겠군.' 뭐 이렇게 혼자서 궁리하다 보면 어느새 내 손에는 티켓과 여행 안내 책자가 쥐어져 있고 등에 가방을 메고 있었다. 하지만 언제나 여행을 떠날 수 있는 건 아니었다. 거의 대부분은 침대에 누워, 오직 내게만 보이는 안구에 떠다니는 이물질을 좇으며 지금이 빨리 지나가길 바랐다.

여행은 꼭 어디론가 떠나서 좋은 것만은 아니다.

어쩌면 여행이 좋은 건 다시 돌아올 자리가 있어서인지도 모른다.

4
Too Bright
The Czars - Paint The Moon

어디서든 달은 똑같은 모양으로 보인다. 집에서 봤던 둥근 달이 뉴욕에서 본다고 네모난 모양으로 보일 리는 절대 없다. 다만 밝기나 크기가 약간 다를 뿐이다. 하지만 그날 브룩클린 거리에서 우연히 올려다본 달은 정말 컸고 눈이 다 부실 정도로 밝았다.

그게 얼마나 크고 둥글고 밝았던지 달을 가로등으로 착각했을 정도다. 그 달을 한동안 올려다보며 난 길에 서 있었다. 거리엔 인적이 드물었고 지나는 차들도 없었다. 그때 내 곁을 말없이 스쳐가던 한 뉴요커가 혼잣말인지 아니면 내게 묻는 건지 모를 말을 하고 어둠 속으로 사라져버렸다.

"더.럽.게.밝.아!?"

5
대항하기 위해
The Walkmen - Louisiana

맨솔 담배가 얼마나 내 장염을 더 자극하고 날 멍하게 만들지는 나도 잘 알고 있다. 그리고 검은 선글라스를 쓰면 얼마나 건방져 보일지도 잘 안다.

하지만 내게 맨솔 담배와 선글라스가 없었다면 이 끝없는 길 위에서, 이 소름 끼칠 정도로 시린 바람 속에서, 이 거지같은 외로움에 무방비로 노출되어 있는 내가 어떻게 그것들에 대항할 수 있었겠는가!

아, 또 하나. 이렇게 껄렁한 음악을 들으면서 짝다리로 서서 몸을 흔들 수 있었기에 난 참 당돌했고 무모했었다.

6
완벽한 시간
Koop - Koop Island Blues

그날도 오랫동안 운전을 해서 결국 미시시피 주의 잭슨(Jackson) 시에 도착했다.

절대적인 피곤이 몰려왔고 꽤 배가 고팠으며 온몸에서 삐걱이는 소리가 났다. 피곤한 몸을 조금이라도 빨리 침대에 얹어두고 싶었다.

그때 이 노래를 들었다. 이미 충분히 밤이었고 거리에는 아무도 없었다. 그저 그날 밤 내가 머물러야 할 숙소의 낡은 간판이 어둠 속에서 주기적으로 깜빡이고 있었다.

난 볼륨을 조금 키우고 마지막 담배를 꺼내 불을 붙였다. 얼마 후 차 안에는 내가 내뿜은 담배연기와 이 노래가 가득 차 있었다.

여기 이대로 내리고 싶지는 않았다. 다시 이 노래를 틀었다. 그러자 곧 담배가 다 타버렸다. 노래는 여전히 흐르고 있었다. 다시 담배에 불을 붙였다.

…… 그날 밤 이 노래를 들으며 이런 동작을 몇 번이고 반복했던 건, 노래의 길이와 담배가 줄어드는 속도를 맞추기 위해서였다.

그리고 생각했다. '만약 이 노래의 길이가 담배를 한 대 피우는 시간과 딱 맞아떨어졌다면 얼마나 좋을까? 그럼 오늘 하루가 완벽할 텐데……'

시골 마을, 어느 역 수화물 창고에서 일하는 데니가 부러움 가득한 눈으로 열차가 떠날 때마다 열심히 손을 흔드는 모습을 보면 난 왠지 서글퍼진다.

4월의 비 내리는 밤, 아무도 듣는 사람 없는 지하철역에서 색소폰으로 크리스마스 캐럴을 부는 연주자가 사람들이 지나갈 때마다 뭔가 간절히 바라는 눈빛을 지을 때 난 왠지 서글퍼진다.

가져가야 할 짐은 많은데 가방은 이미 다 차버려 결국 어떤 걸 버리고 갈지 고민하는 내 손이 안타깝게 물건들을 쓰다듬을 때 난 왠지 서글퍼진다.

전화를 걸어 지금 내 눈 앞에 펼쳐진 말도 안 되는 풍경을 친구에게 말해주고 싶은데 통화료 걱정에 전화기만 만지작거리는 내 모습에 난 왠지 서글퍼진다.

사람들이 오고 가는 거리에 누군가 떨어뜨리고 간 장갑을 보면서 '남겨진 다른 한 짝의 운명은 이제 어떻게 될까?' 생각하다 보면 난 왠지 서글퍼진다.

인적 드문 맨해튼의 밤, 낡은 카트를 끌며 폐지를 찾아 여기저기 기웃거리는 할머니를 보면 우리 할머니가 생각나 난 왠지 서글퍼진다.

정성스럽게 바른 매니큐어가 벗겨진 여자의 손톱을 보면서, 처음 매니큐어를 바를 때 분명 설레었을 여자의 마음을 상상하다 보면 난 왠지 서글퍼진다.

그리고 그녀가 가녀린 목소리로 한숨 쉬듯 부르는 이 노래를 듣고 있으면 집에서 너무 멀리 떨어져 다시는 돌아가지 못할 것만 같아 왠지 서글퍼진다.

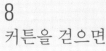

8
커튼을 걷으면
Explosions in the Sky - First Breathe After Coma

커튼을 걷으면 거기 아침이 있었으면
커튼을 걷으면 거기 우리 집이 있었으면
커튼을 걷으면 거기 네가 서 있었으면
커튼을 걷으면 거기 천국이 있었으면
그리고 커튼을 걷으면 거기 밝은 내일이 있었으면……

• 「The Road on the Music Note」에 들어간 위의 노래들은 파스텔 뮤직 제공입니다.

너도 떠나보면 나를 알게 될 거야
230 Days of Diary in America
ⓒ 김동영 2007

1판 1쇄 2007년 9월 18일
1판 32쇄 2015년 10월 16일
2판 1쇄 2015년 10월 26일
2판 7쇄 2021년 10월 14일

글·사진 김동영

편 집   이희숙 박선주
디자인   타입페이지
마케팅   채진아 유희수 황승현
홍 보   김희숙 함유지 김현지 이소정 이미희
제 작   강신은 김동욱 임현식

펴낸이   이병률
펴낸곳   🌙
출판등록 2009년 5월 26일 제406-2009-000034호

주 소   10881 경기도 파주시 회동길 455-3
전자우편 dal@munhak.com
페이스북 /dalpublishers
트위터   @dalpublishers
인스타그램 dalpublishers
전화번호 031-8071-8682(편집) | 031-8071-8673(마케팅)
팩 스   031-8071-8672

ISBN 979-11-5816-011-1 03940